「慰安婦」問題が問うてきたこと

大森 典子、川田 文子

岩波ブックレット No. 778

まえがき

沖縄に残された「慰安婦」被害の最初の証言者、裴奉奇《ペポンギ》さんを初めて訪ねたのは一九七七年一二月五日だった。サトウキビ畑の中の、おそらく物置小屋として母屋の脇に付け足された小部屋に住んでいた。窓はない。水道もない。ガスもない。電気だけが母屋から引かれ、裸電球と煮炊きをする電気コンロに通じていた。家具らしい家具はない。大きなポリバケツに食器や鍋を入れ、飲料水は母屋に住む人が出勤する前に汲ませてもらい、ポリ盥《たらい》に入れてベニア板をかぶせていた。板壁の節穴と隙間はすべて紙テープでふさいであった。隣の厠から飛んでくる銀蝿やイモリ除けである。生活保護で暮らす裴さんにケースワーカーは来るたび、「ここは人間が住むところじゃない」と転居を勧めた。それに応じなかったのはサトウキビ畑の中で人と顔を合わせずに日々を送ることができたからだ。

裴さんは周期的に激しい頭痛に襲われていた。そんな日は、いつも開かれている板戸がぴたりと閉ざされていた。声をかけると十数センチほど板戸を開け、額やこめかみ、まぶたにまで小さく切り刻んだサロンパスを貼った顔を覗かせ、暗い目でいった。

「今日は頭が痛くて話はできんさね」

病院に行っても薬を飲んでも治らない。サロンパスを切り刻むハサミで首を掻き切りたいほどだ、と。

裴さんは、ごく限られた数人の人とのつきあいしかなかった。人を避けたのは、人と接している時に頭痛に襲われることを恐れたからだ。

一九九〇年代、各国で日本軍性暴力・「慰安婦」被害者が名のり出ると、精神科医によって被害者のPTSD(心的外傷後ストレス障害)の症状が確認された。PTSDは日常生活では経験しないような自然災害・交通事故・戦争・監禁・虐待・強姦などの強い衝撃で受けた心の傷の後遺症である。「慰安婦」被害者はそうした衝撃を二重三重に、しかも長期間、受け続けた。裴さんの激しい頭痛もPTSDによる症状だったのだろう。

裴さんは慶良間《けらま》諸島の渡嘉敷《とかしき》島の慰安所に連行された。島を吹き飛ばすかのような空襲と艦砲射撃、三〇〇人余の住民の「集団自決」、朝鮮人虐殺、住民虐殺……。海上挺進基地(特攻基地)が配置された渡嘉敷島では、当時、そこにいた誰もが無惨な歴史を身に負った。渡嘉敷島の慰安所は、慶良間空襲が始まった一九四五年三月二三日に爆撃され、七人の「慰安婦」のうち一人が死亡、最も若かった一六歳の二人が重傷を負い、裴さんら四人は軍から支給された毛布一枚で雨露をしのぎ、弾雨を避け、山の中をさ迷っていたが、後に日本軍の炊事班に組み入れられた。

「弾に当たるのより、ひもじいのはもっとたいへんですよ」

七月に入ると、陣中日誌に栄養失調による日本兵の死亡の記録が重なる。炊事班にいた裴さんもそのような飢餓状況を免れなかった。

しかし、裴さんは戦時以上に厳しい戦後を迎えている。

「だまされて連れてこられて、知らんくにに捨てられてるさね」

八月二六日、日本軍とともに武装解除式に臨んだ後、石川収容所に収容されたが、沖縄の住民が米軍の建てた規格家《キカクヤー》や自力で建てたバラックに移り住み閑散としてきた時期、裴さんも収容所を出た。ことばは通じない。地理も分からない。知る人はいない。所持金もない。わずかな着替えを入れた風呂敷包みひとつ頭に載せ、皇軍の地下足袋一足手にぶら下げて、来る日も来る日も歩いた。日暮れると、焼け跡に建ち始めたバラックの肴家《サカナヤー》を探し出し、「女中で使ってくれませんか」と身振り手振りで頼み込む。「女中はいるから上でサービスしてね」。必ずそう言われ、その夜一夜寝るところを得、空腹を満たすために酔客に身をゆだねた。歩き疲れて居眠りをしながら客の相手をした。だが、朝になるといたたまれず、そこを出た。そしてまた、一日中歩いて日暮れるとサカナヤーを探したのだ。そんな日々がどのくらい続いたのか……、次第に五日、一〇日とバラックにとどまるようになり、餅売り、野菜売り、子守り、メイド、空き瓶集め、さまざまな仕事もした。けれど、それらで生計を立てるのは難しく、たびたびサカナヤーにもどった。当時のサカナヤーは固定給はなく、性サービスの報酬の一部が女性たちの収入になる仕組みだった。

「あの時、弾に当たって死んでいれば、こんな思いをしなかったがね」

低いつぶやきを何度も耳にした。人との交わりの薄い異郷での戦後の生活がさらに裴さんの頭痛を増幅させたように感じられた。

日本軍の性暴力・「慰安婦」問題が国際社会で論議されはじめたのは九〇年代以降である。韓国の女性団体が日本政府に真相究明と謝罪を求めた声明がきっかけになった。それ以前、戦争体験者らは「慰安婦」や慰安所の存在も、侵略していった各地で強姦事件が起こったことも知っていた。しかし、日本軍の組織的な性暴力が女性に対する重大な人権侵害であり、戦争犯罪であるとの認識はほとんどなかった。日本軍の性暴力被害者は、被害を受けたことを恥と思い込み、人に知られることを怖れ、戦後を生きてきた。半世紀ちかい年月、この問題は加害側の日本だけでなく、被害側の国々でも封印されてきたのだ。

封印を解いたのは女性たちである。各国の被害者は次々に名のり出て、日本政府に謝罪と補償を求めて提訴した。訴訟の大半は敗訴となったが、問題解決を求める声は広く国際社会を動かし続けている。日本政府は一九九三年の河野談話で「慰安婦」制度への政府の関与や慰安所での強制を認めた。しかし、賠償問題はすでにサンフランシスコ条約や二国間条約によって解決済みだとして国家補償は否定してきた。国連の人権機関をはじめ、国際社会は問題解決をたびたび日本政府に勧告してきたが、日本政府はこれらの勧告に応えてはいない。

すでに二〇年近い年月が経過した。慰安所制度の研究は急速に進んだ。また、裁判支援や被害者支援、フェミニズムの視点からの照射、次代を担う世代への教育の現場での実践、さまざまな分野で解決に向けた取り組みが続けられてきた。一方、この事実を歴史の汚点ととらえ、歴史のページから消そうとする政治家、学者、文化人らの動きも活発に展開された。

本書は、これまでの経緯と、多くの市民や専門家によって明らかにされてきた日本軍の性暴力・「慰安婦」について紹介する。

第一章　「慰安婦」問題の起点

金学順さんたちの告白

一九九一年一二月九日、従軍慰安婦問題ウリヨソンネットワーク主催の「金学順《キムハクスン》さんの話を聞く集い」が韓国YMCA(東京)で行なわれた。私(川田)はその日、早めに会場へ向かった。受付はすでに混雑していた。それでも前から数列目の席に着けた。みるみる席は埋まった。会場は「集い」が始まる前から緊迫していた。参加者の多くは「慰安婦」被害の証言を聞くのは初めてだったろう。少なくとも東京ではそのような集会は初めての試みだった。会場の正面で準備をする若い主催者の緊張感が伝わってきた。いや、私自身が昂ぶっていた。それ以前、私は裴奉奇さんらの証言をいつもひとりで長時間かけて聞いていた。いくら聞いても「慰安婦」被害の深層にふれていないような気がしたからだ。被害者は約半世紀もの長い年月、自分の身におきた事実を語ることができなかった。被害者を取り巻く状況が語らせなかったのだ。それを語ることが、しかも、大勢の人びとの前で語ることができるのだろうか、そんな不安を抱いていた。

しかし、私の不安は杞憂であった。金学順さんは毅然と語った。私はその日、語り手の語ろうとする意思を大勢の人びとの聞こうとする意思が鼓舞することをひしひしと感じた。

日本軍がアジアの少女や若い女性を「慰安婦」にした時代、性の売買の対象とされた女性たちは「醜業婦」「賤業婦」と呼ばれた。「慰安婦」も「醜業婦」「賤業婦」視された。戦後、それらのことばは死語になったが、「慰安婦」であったことを知られればセカンドレイプを受ける風潮は色濃く残った。被害者に沈黙を強いた差別構造は解かれていなかったのだ。その日の集いは、在日韓国・朝鮮女性である若い主催者が、「慰安婦」被害を語らせない、そして、語れなかった状況を変えた歴史的な節目となった。

韓国のキリスト教女性団体は、八〇年代半ばには「挺身隊」問題で日本政府に謝罪と補償を求める声をあげていた。その運動が活発になるのは八〇年代後半である。韓国教会女性連合会は八八年二月、尹貞玉《ユンジョンオク》さん(当時、梨花女子大学教授)らが福岡、沖縄を中心に調査を行なって「挺身隊踏査報告」を発表し、七月には「挺身隊研究委員会」を設置した。そして、九〇年一月、『ハンギョレ新聞』に四回連載された尹さんの「挺身隊取材記」が大きな反響を呼んだ。

盧泰愚《ノテウ》大統領の訪日前の五月一八日、韓国の女性団体は声明を発表した。盧大統領が訪日中の二五日、韓国外相は日本政府に強制連行被害者の名簿作りへの協力を要請した。こうした動きの中で六月六日、本岡昭次社会党議員は参議院予算委員会で強制連行について質問し、「慰安婦」の調査を日本政府に迫った。これに対し、労働省職業安定局長は、「民間の業者がそうした方々を軍とともに連れ歩いている」ので調査はしかねる、と答弁している。

声明を発表した韓国の女性団体はこの答弁に強く反発し、他の団体の賛同も得て一〇月、三七の女性団体が韓国、日本両政府に抗議の公開書簡を送った。日本政府への書簡では①従軍慰安婦強制連行の事実を認めること、②公式に謝罪すること、③蛮行のすべてを自ら明らかにすること、

④慰霊碑を建てること、⑤生存者や遺族に補償すること、⑥歴史教育で事実を語り続けることを要求している。三七の女性団体は一一月、「韓国挺身隊問題対策協議会」(挺対協　初代会長・尹貞玉)を結成し、活発な活動を展開してゆく。韓国の運動に触発され、日本国内でもキリスト教団体や市民グループ、労働組合などがこの問題に取り組むようになった。

九一年八月一四日、「民間業者ではなく日本軍が私の青春を奪った」と名のり出た金学順さん(当時六七歳)が記者会見に臨んだ。九月、韓国教会女性連合会はソウルに「挺身隊申告電話」を設置、一〇月には同趣旨で釜山「女性の電話」事務室に開設され、多くの被害者が申告した。

一二月六日、金学順さんら三人の「慰安婦」被害者が「韓国・太平洋戦争犠牲者遺族会」の三二人の軍人軍属およびその遺族とともに日本政府に謝罪と補償を求めて東京地裁に提訴した。遺族会を象徴する白いチマチョゴリ姿で東京地裁に向かい、記者会見に臨んだ映像は全国に報道され、大きな衝撃を与えた。金学順さんたちの提訴によって日本社会はようやく八〇年代後半から韓国の女性団体が取り組んできた「挺身隊」＝「慰安婦」問題に目を向けたのである。

その日、加藤紘一官房長官は「政府機関が関与したという資料は発見できない」「日本政府が挺身隊問題に対処するのは難しい」と発言した。挺対協は一一日、この発言に抗議する公開書簡を日本大使館に手渡し、続いて周辺をデモ、そして以降、大使館前で毎週水曜日にデモを行なうことを決めた。

翌九二年、「慰安婦」問題は大きく展開する。

宮沢喜一首相の訪韓を間近に控えた一月八日、ソウルの日本大使館前で第一回水曜デモが行なわれた。水曜デモは阪神・淡路大地震のとき、犠牲者を追悼して休んだことがあるだけで、毎週、今日まで行なわれてきた。

一一日、吉見義明中央大学教授が防衛庁防衛研究所図書館で「慰安婦」の徴集と慰安所の設置に日本軍が関与したことを示す文書を発見していたことが朝日新聞で報道された。日本政府は一貫して軍の関与を否定してきたが、それを示す公文書が防衛庁に所蔵されていたことが明らかになり、加藤官房長官は「当時の軍の関与は否定できない」と初めて認めた。

訪韓した宮沢首相は一七日、盧大統領に「慰安婦」問題で「お詫び」を表明している。

韓国政府は二月、被害者センターを設置し、被害申告と証言の受け付けを開始した。

六月には韓国の仏教人権委員会女性分科会の「ナヌムの家」準備委員会が発足し、一一月、ソウルで六人の被害者が臨時に入居して共同生活を始めた。

「慰安婦」問題が日韓の枠を越えて国際社会に拡がったのもこの年である。二月一八日、国連人権委員会で「慰安婦」問題が初めて提起された。また、マニラの「アジア女性人権評議会」は他の女性団体にも呼びかけて七月、「フィリピン人元『慰安婦』のための調査委員会《タスクフォース》」を結成した。これは、前年一二月にソウルで行なわれた「アジア女性人身売買問題会議」での韓国の女性たちからのよびかけに応えたものだ。タスクフォースは日本大使館に抗議する一方、フィリピン政府に調査を要求し、ラジオを通じて被害者に名のり出るよう呼びかけた。九月にマリア・ロサ・ルナ・ヘンソンさんが初めて名のり出た後、多くの被害者がこれに続いた。

八月一〇日、ソウルで行なわれた「第一回挺身隊問題解決のためのアジア連帯会議」には被害国である韓国、台湾、タイ、フィリピン、香港と加害国日本の市民団体が参加した。これを機に、韓国、台湾、フィリピン、日本の市民団体の連携が強くなっていく。

金学順さんらの「遺族会」裁判には四月に六人の「慰安婦」被害者が原告に加わり、その後、各国の「慰安婦」訴訟が相次ぐ。一二月二五日、韓国の朴頭理《パクトウリ》さんら二人の「慰安婦」と二人の勤労挺身隊被害者が山口地裁下関支部に提訴した。翌九三年四月二日、フィリピンのロサ・ヘンソンさんら一八人が、その直後の五日、宮城県在住の宋神道《ソンシンド》さん(韓国籍)が在日の被害者としてひとりで東京地裁に提訴した。なお、フィリピンの原告は後に二八人が加わる。

日本政府は、このような運動の盛り上がりを背景に、また、軍関与を示す公文書の存在が判明してようやく調査を行なった。九二年七月六日にその調査結果を発表し、一二七件の資料を公表し、政府の関与を認めた。だが、強制連行を示す資料はないとした。しかし、この第一次調査は警察や労働省の資料は一点もなく、不十分であり、強制連行を認めない姿勢に内外から批判の声があがった。そのため再度調査が行なわれ、九三年八月四日、第二次調査結果とともに河野洋平官房長官の談話が発表された。このとき公表された資料は二三四点で、国内での関係者からの聞き取り、ソウルでの一六人の被害者の聞き取りも行なわれた。

河野談話では、「慰安婦の募集」「慰安婦の移送」「慰安所の設置、管理」について日本軍の関与を認め、「多数の女性の名誉と尊厳を深く傷つけた問題」であるとして、「歴史の教訓として直視し」「同じ過ちを決して繰り返さないという固い決意」を表明した。以後、歴代の首相は「慰安婦」問題について第一次調査と第二次調査結果に基づいて発表された河野談話を踏襲してきた。

女性のためのアジア平和国民基金

一九九四年六月、自民、社会、さきがけの連立政権が発足した。社会党の村山富一首相は八月三一日、戦後五〇年に向けての談話で一〇年間に一〇〇〇億円相当の事業を展開する「平和友好交流計画」を打ち出し、「慰安婦」問題は「国民参加の道をともに探求していきたい」とした。

村山談話に基づいて与党三党は「戦後五〇年問題プロジェクト」を組み、「従軍慰安婦問題等小委員会」を設けた。この小委員会は一二月に第一次報告をまとめ、日本政府は賠償、財産・請求権問題は条約等にしたがって「国際法上も外交上も誠実に対応」してきたが、「戦後五〇年を機会に」「道義的立場から、その責任を果たさなければならない」と「基金」案を提示した。

九五年七月一九日、「女性のためのアジア平和国民基金」（アジア女性基金）が発足し、敗戦から五〇年目の八月一五日、全国紙すべての朝刊に全面広告で拠金を募る村山首相の「ごあいさつ」と同基金の呼びかけ文が掲載された。アジア女性基金は「国民的な償いの事業を政府との二人三脚によって実施」し、その事業は、「当該国や地域の政府、ないし政府の委任による民間団体が認定した元『慰安婦』の方々に対して実施され」る、という内容だった。

「償い事業」は、①首相の「お詫び」の手紙、②国民からの募金による一人あたり二〇〇万円の「償い金」の支給、③政府資金による医療福祉支援事業からなる。なお、医療福祉支援は韓国と台湾では一人あたり三〇〇万円相当、フィリピンでは一二〇万円相当、「償い金」の支給を行なわないオランダは一人あたり三〇〇万円相当とされた。

被害者と支援団体からは、基金案が浮上したときから強い反対の声があがった。

九三年八月、国連の差別防止・少数者保護小委員会特別報告者のテオ・ファン・ボーベン氏は、人権侵害の被害回復には原状回復・賠償・更正・満足・再発防止保証が欠かせないことを指摘した。「慰安婦」被害者は戦時の被害にとどまらず、その後の人生にも深刻な影響を受けた。字義通りの原状回復は不可能だ。だからこそ、被害者が納得できる誠意ある対応が求められた。それは日本軍と日本政府の責任を明確にした、真摯な反省に基づく謝罪であり、賠償であり、再発防止保証である。それらが実施されて初めて被害回復がはかられよう。日本政府の責任を曖昧にした「アジア女性基金」が多くの被害者にとって受け入れがたかったのは当然だろう。

韓国では被害者、支援団体、政府が一体になってアジア女性基金に反対した。韓国政府は被害者に毎月一定額の生活支援を実施していた。挺対協をはじめ支援者は「償い事業」の受け取りを拒否する被害者を支援するための募金活動を開始した。反対運動が展開されるなか、アジア女性基金は九七年一月、七人の被害者に「償い事業」の三点セットを手渡した。これを抜き打ち的な強行として支援団体は強く抗議し、韓国メディアも厳しく批難、韓国政府も不快感を表明した。また、「償い事業」を受け入れた被害者は反対する被害者の批判に晒された。ともに闘ってきた被害者が揃って受け取れる「償い事業」ではなかったために起きた事態であった。

九八年四月、韓国政府は「償い事業」を拒否する被害者へ支援金支給を決定、日本政府にアジア女性基金の事業中止を要求したが、アジア女性基金は事業を続け、その結果、「償い事業」を受けた人、韓国政府の支援金を受け取った人、両方をひそかに受け取った人も現れた。

台湾では、九二年に立法院（日本の国会に相当）、外交部、内政部、中央研究院、台北市婦女救援福利事業基金会（婦援会）が「『慰安婦』問題対処委員会」を発足させた。婦援会は同委員会に委託され、「慰安婦」の認定作業など重要な作業を担った。婦援会はアジア女性基金に強く反対し、立法院でも、日本政府が法的責任を認めて謝罪と賠償をするよう求める署名が行なわれた。婦援会は著名人の協力のもとオークションを行ない、被害者に五〇万元（約二〇〇万円）を手渡した。台湾政府は毎月一万五〇〇〇元（約六万円）の生活支援金を支給していたが、九八年二月、日本政府の法的責任に基づく賠償が実現するまでの立替金として五〇万元を支給した。

自国の政府による生活支援策がなかったフィリピンのロラ（おばあさん）の多くは貧しい暮らしをしていた。支援団体リラ・ピリピーナは「償い事業」に反対の立場だったが、受け取るかどうかの決断は被害者に任せた。一部のロラは日本の国民からの「償い金」は受け取るが、首相の「お詫びの手紙」は拒否し、「償い事業」では納得できないことを示した。あくまでアジア女性基金に反対するロラと支援者はマラヤ・ロラズを結成した。また、二〇〇〇年に日本の立法運動を支持するロラズ・カンパニアも誕生、この時点で名のり出た被害者は約四五〇人に達した。

インドネシアでは、日本軍の性暴力の被害者として法律扶助協会に約四二〇名、元兵補協会に二万二二三四人が登録されていた。「慰安婦」の他に、強姦の被害者なども含まれている。日本政府とインドネシア政府は、認定が困難であることなどを理由に被害者個人に対する事業ではなく、既存の高齢者福祉施設整備事業を行なうことで合意し、九七年三月、一〇年間に三億八〇〇〇万円を日本政府が拠出するとの覚書を交わした。施設への入居者選定にあたっては被害者を優先することが条件だったが、広報は行なわれず、入居者は一般の高齢者であった。

オランダでは個人補償が求められ、被抑留者団体の対日道義的債務基金との交渉の結果、国庫拠出の医療福祉支援を個人に対して行なうことで合意された。オランダ事業実施委員会は九八年八月、世界各地の新聞広告などで申請を呼びかけ、申請者一〇七名のうち七九名を認定し、被害者個人に平均五万ギルダー（三〇〇万円）の医療福祉費用と、委員会の要請によりコック首相宛の橋本首相の書簡の英訳を被害者に届けた。

アジア女性基金は〇七年三月三一日、事業を完了し、解散した。フィリピン、韓国、台湾で二八五人の被害者が「償い事業」を受けたと報告されたが、国別の内訳は公表されていない。「償い金」にあてた民間からの募金額は五億六五〇〇万円、国庫から支出した医療福祉支援は七億五〇〇〇万円だった。外務省によると、〇五年度末までに国庫から四八億円がアジア女性基金に支出されているが、被害者に直接届く事業に使われた額はそのごく一部にすぎない。

アジア女性基金では「慰安婦」問題は解決しなかった。被害者同士が「償い金」の受け取りをめぐって分断され、傷つけられ、被害回復には至らなかった。人生を深く傷つけられた被害者が望んだのは真摯な反省であり、それに基づく謝罪と賠償である。賠償問題は解決済みだとして「償い金」に民間募金をあて、二次的な医療福祉支援のみ国庫から拠出するというねじれた施策からは日本政府の真摯な反省はうかがえない。

中国、北朝鮮、マレーシア、東チモール、ビルマ、日本などで被害者の存在が確認されているが、名のり出る機会のない被害者は無視されたままである。

第二章　「慰安婦」制度とは何であったか

慰安所はいつ、なぜ、できたのか

一九三一年九月、日本軍は中国の東北地域で柳条湖事件（満州事変）を起こしたが、その翌年一月の第一次上海事変のときに、陸軍は海軍にならって慰安所を開設した。その年、海軍の慰安所は一七カ所あった。慰安所が急増するのは、三七年一二月一三日、日本軍が中華民国の首都南京を占領した直後からだ。南京占領を目前にして、中支那方面軍が指揮下の上海派遣軍に慰安所の設置を指示したことが、飯沼守上海派遣軍参謀長の一一日の日記に記されている。

一九三八年六月二八日、北支那方面軍も岡部直三郎参謀長が慰安所の設置を命じる通牒を発した。「軍人軍隊の対住民行為に関する注意の件通牒」では、軍人および軍隊の住民に対する不法行為が治安に重大な悪影響を及ぼしていると指揮官の注意を喚起し、なかでも「日本軍人の強姦事件」が「実に予想外の深刻なる反日感情を醸成」し、「治安を害し軍全般の作戦行動を阻害」すると指摘し、厳重に取り締まるとともに「速に性的慰安の設備を整」えることを命じた。

南京占領後、日中戦争は全面戦争へと拡大し、三八年には中国へ派兵された日本軍の人員は一〇〇万人にも及び、それにともなって設置される慰安所も急増した。

日本軍の慰安所設置には、①反日感情抑止のための強姦防止策、②性病予防、③防諜（軍機密の漏洩防止)、④慰安の供給などの目的があった。

日本軍は常に将兵の性病罹患による兵力低下という問題を抱えていた。国内でも性病罹患率は高く、中国に派兵されるとさらに高くなった。大規模な派兵実施にあたって軍慰安所を設置し、軍医による性病検査を徹底することで性病を予防しようとしたのである。各部隊が作成した慰安所利用規則では、慰安所の利用者を軍人軍属に限定し、民間の買春施設への出入りを禁止した。これも性病予防策であり、民間の買春施設の女性を通じて軍の機密がもれることを防ぐためでもあった。また、日本軍は天皇を元帥と仰ぐきわめて厳しい階級組織であった。自我も人権もまったく認めない階級組織の中で不満の暴発を防ぐため、性的慰安を供給したのである。都会から離れた駐屯地では、慰安所は兵士の唯一の娯楽施設だった。

慰安所が強姦を防止するどころか、かえって助長し、鼓舞さえしたことが旧日本兵や被害者の証言で明らかになっている。おもな駐屯地には慰安所を設置するという日本軍の性暴力容認体質は個々の将兵にも染み込み、作戦時に逃げ遅れた少女や女性を強姦し、さらに拉致してきて継続的に輪姦したのである。慰安所は司令部や部隊本部の近くに配置され、末端の小部隊には設置されなかった。小部隊が部隊本部に倣って現地の女性を連行して輪姦をくりかえした例が数知れず存在する。駐屯地近くに住む女性も日常的にこうした被害に晒された。

誰が慰安所を設置し、「慰安婦」徴募を指示したのか

慰安所の設置は、第一次上海事変のときは各派遣軍の指導部(参謀部)が指示した。アジア太平洋戦争開戦後は陸軍省、海軍省が指示するようになった。占領地での個々の慰安所の開設は部隊長らが決定した。

慰安所には軍直営の慰安所と業者に日常的な運営を委任した慰安所があった。民間の施設を軍が指定し、慰安所として利用した例もある。

軍直営のタイプは、中国の常州に駐屯した独立攻城重砲兵第二大隊長による三八年一月二〇日の状況報告に、「慰安設備は兵站の経営するもの及軍直部隊の経営するもの二か所」(吉見義明『従軍慰安婦資料集』)など、軍の記録にも見られる。日常的な業務を業者が行なう慰安所も軍の管理統制のもとで運営された。軍の要請で設置され、建物の接収や建設、慰安所規則の決定、経営・経理などの監督、営業報告書提出の指示、「慰安婦」の性病検査、憲兵の定期的な見回りなどは軍が行なった。民間の施設を軍が指定し慰安所にする場合は、時間を区切るなどして民間人と軍人軍属の利用を分けた。軍人軍属の利用については軍が管理統制した。

「慰安婦」の総数は少なくとも五万人以上と推定されているが、確かな数は分かっていない。「慰安婦」にされたのは、植民地朝鮮や台湾の女性、そして日本軍が侵略したアジア各地の女性たちである。日本の女性も「慰安婦」にされた。朝鮮、台湾、日本の女性はアジア各地の慰安所に連行された。戦地・占領地の女性は、例外もあるが、多くは自国で被害を受けている。

朝鮮における「慰安婦」の徴募は、派遣軍の要請に基づいて朝鮮総督府、朝鮮軍が管理、統制し、憲兵および警察の連携のもとで行なわれた。台湾での徴募も同様である。朝鮮や台湾の総督府および軍は多くの場合、選定した業者に女性を集めさせた。総督府や軍が自ら集めるより効率的だったからだ。軍や総督府は選定した業者に徴募や渡航に際してさまざまな便宜をはかり、軍の証明書を与え、軍属同様の待遇をした。アジア太平洋戦争期は選定した業者を軍従属者とした。

朝鮮の女性の多くは人身売買や甘言でつられたり、だまされたり、脅迫されて国外の慰安所に連行された。憲兵や警察に連行されたという証言もある。連行時の年齢は韓国で名のり出た一七五名のうち一五六名(八九パーセント)が二一歳未満の未成年だった(尹明淑『日本の軍隊慰安所制度と朝鮮人軍隊慰安婦』)。台湾の漢民族の女性は朝鮮の女性と同様の方法で国外の慰安所に連行されたが、先住民族は地元で軍人に直接拉致された。

占領地となった中国、東南アジア、太平洋地域では軍の選定業者による人身売買や誘拐もあったが、軍が地元の有力者に集めさせたり、軍人や官憲による略取など暴力的な連行が目立つ。

慰安所の生活

それぞれの部隊が作成した慰安所利用規則の内容には共通項が多い。将校、下士官、兵の料金と利用時間の設定、軍医による性病検査受診の義務、性病検査の回数、衛生サック使用の義務、慰安所での飲食の禁止、防諜の厳守、衛生管理、慰安婦の外出厳重取り締まりなどである。また、慰安所に行く際、「帯剣(剣を身につけること)」を義務づけた規定もある。

宮城県在住(韓国籍)で在日の慰安婦裁判の原告であった宋神道さんはこんな話をした。

「一階にホールがあって、帳場の受付があるべ。通過部隊が来る時は、何人相手をしてもチャカチャカチャカチャカチャカ音が聞こえるんだ」

午蒡剣の鞘が擦れ合う音だった。宋さんは中国の長江中流域の武昌の慰安所に一六歳で連行された。武昌は蔣介石軍の軍事基地のあった都市で、日本軍の占領後は、移動部隊の武器、弾薬、食糧などの補給や将兵が休養をとる兵站となった。通過部隊が来ると、二階の小部屋で何人相手をしても金属製の鞘が擦れ合う音が聞こえてくる、それほどに混みあったというのだ。前線に向かう兵、前線から引き揚げてきた兵は特に殺気立っており、些細なことで剣を抜き、振り回した。「慰安婦及楼主に対し暴行脅迫行為なき事」。慰安所利用規則にこのような規定があるのは、戦場で気の荒れた将兵らが暴行脅迫行為を起こすことが容易に予想されたからだ。

宋さんのわき腹には約一〇センチの刀傷、腿のつけ根にも傷痕がある。右耳が聞こえないのは毎日のように軍人からも帳場（業者）からも殴られた結果だ。「慰安婦」にされた女性たちの多くが身体に慰安所で受けた傷痕を残している。拒否できない状態で「慰安」を強要されたことを示す傷だ。慰安所には一五、六人の「慰安婦」がいたが、宋さんが相手にした軍人は少ない日で数人、多い日には数十人に及んだ。

「慰安婦」は行動の範囲を限定されていた。散歩が許される場合でも、慰安所の周辺のごく狭い範囲だけだった。外出を認めるケースもあったが、許可制であった。

宋さんは武昌に連行された当初、何度も逃げようとした。しかし、その都度捕らえられ、髪を摑んで引きずり回され、殴られ、蹴られた。また、「ここを出たいなら武昌に来るまでにかかった経費を今すぐ返せ」と業者に凄まれた。宋さんは朝鮮で「戦地に行って御国のために働けば金が儲かる」と誘われた時には一銭の金も受け取っていない。だが、大田から武昌に来るまでの交通費や宿代、食費、仕事に必要だからと買い与えられた衣服費まで計算されてすべて借金として負わされ、高率な利子を加算された。暴力と前借金という公娼や私娼を拘束した手口が「慰安婦」を拘束する手段として利用されたのである。

「慰安婦」が逃亡することはほぼ不可能だった。朝鮮、台湾の少女や女性たちは中国をはじめアジア太平洋地域の慰安所に連行されている。ことばは通じない。所持金はない。地理も分からない。日本軍の占領地からはずれれば、いつどこで戦闘状態になるか分からない。そのような戦地・占領地の慰安所から逃亡することなど、死を覚悟しなければできなかった。

「慰安婦の外出厳重取締り」の規定は軍の機密漏洩や風紀紊乱の防止のために住民から「慰安婦」を隔離する目的もあった。慰安所に近寄ることを禁じられていたという住民証言を沖縄や南京で聞いた。慰安所内で軍人が行なっている行為を関係者以外には触れさせまいとしたのだ。

宋さんは部隊付きとして日本軍に従軍した時は、人間ひとりが入れるくらいの穴、つまり、塹壕や、野天で毛布を敷いただけで「慰安」をさせられ、弾雨下でさえそれは続行された。宋さんは早く逃げたくても、兵隊は「俺はこのまま弾にあたって死んでも本望」と言い、放さなかった。

このように、逃亡不可能な戦地・占領地の慰安所に人身を拘束し、軍人に対する「慰安」を強要した日本軍の慰安所制度は性奴隷制以外のなにものでもない。

戦地・占領地で起きた日本軍の性暴力

戦地・占領地の日本軍の性暴力はむき出しの暴力が特色だ。戦場となった地域の被害者は、家族を殺され、家を焼かれ、生活手段を奪われ、そのうえ性暴力も受けたのである。特に日本軍の駐屯期間が長く、広範囲にわたった中国の被害は甚大であった。

南京攻略戦から占領にかけて強姦が頻発し慰安所設置拡大のひきがねになったが、南京やその周辺で起こった強姦は頻度だけではなく、その異常性も大きな特色だ。

日本軍の占領時、南京に残った外国人によって国際安全区が設定された。彼ら外国人の日記や家族にあてた手紙に当時の記録が残されている。特に国際安全区でただひとりの外科医として傷病者の手当てに追われたロバート・O・ウィルソンが妻にあてた手紙には、強姦され傷害を受けて病院に運び込まれた少女や女性の姿がなまなましく記録されている。強姦後、四回も首を切り落とそうとされた女性、腹部を刺され胎児が死亡してしまった妊婦、抵抗して数え切れないほどの刺し傷を負った妊婦もいた（南京事件調査研究会『南京事件資料集――アメリカ関係資料編』）。

また、女性と子どもの難民施設となった金陵女子文理学院の実質的な責任者であったミニー・ヴォートリンの日記（笠原十九司解説『南京事件の日々』）にも構内に忍び込んできた日本兵の夥しい性暴力が記されている。

「日本兵の一団を追い出してもまた別の一団がいる……教職員宿舎の五三八号室に行ってみると、その入り口に一人の兵士が立ち、そして、室内ではもう一人の兵士が不運な少女をすでに強姦している最中だった」「昨夜は恐ろしい一夜だったようで、日本兵が何度となく家に押し入ってきたそうだ。（下は一二歳の少女から上は六〇歳の女性までもが強姦された。夫たちは寝室から追い出され、銃剣で刺されそうになった妊婦もいる。日本の良識ある人びとに、ここ何日も続いた恐怖の事実を知ってもらえたらよいのだが。)」

山西省盂県の被害者が日本国に謝罪と賠償を求めた三件の訴訟の原告らは小さな村々に住み、ごく限られた地域でさまざまな被害を受けた。特に際立ったのが、進圭社と河東のヤオトン(山の斜面などを掘ってつくった建築様式)での継続的輪姦である。進圭社のヤオトンは接収家屋であったが、河東村のそれは山頂に築いた砲台のすぐ下に掘られた洞穴にすぎない。これらのヤオトンで近隣の女性や掃討戦の際連行されてきた女性たちが数日から数か月間、輪姦された。

抗日活動をしていた万愛花《ワンアイファ》さんは進圭社のヤオトンに三度拉致監禁され、拷問、輪姦され、骨盤を損傷、身長が約二〇センチメートルも低くなるほどの重傷を負った。二度は自力で逃亡、三度目は死亡したと見られ真冬裸で川辺に放置されたところを近くの老人に助けられた。やはり抗日の闘士だった王改荷《ワンガイホー》さんは、抗日村長だった夫が目の前で殺害された直後、激しい拷問を受けて意識を失い、砲台下のヤオトンに連行され、気づいた時には足を骨折していた。生命を絶ちたかったが激痛で身体に力が入らず死ねなかった。そんな状態の王さんを日本兵は連日、輪姦した。

河東村には砲台下のヤオトンのほかに維持会に女性を集めさせ民家を接収してつくった簡易慰安所があった。家の持ち主の名から楊家院子(楊さんの家)とよばれたその慰安所から女性が逃げだすことはなかった。村民から集めた金が家族に渡されていたからだ。河東村に駐屯したのは第一軍独立混成第四旅団独立歩兵第一四大隊の一部の分遣隊である(石田米子・内田知行『黄土の村の性暴力』)。軍司令部があった太原市、旅団司令部があった陽泉市、大隊本部があった盂県県城にはそれぞれ慰安所が設置された。これらの慰安所を利用できない分遣隊は維持会に女性を集めさせ、楊家院子を簡易慰安所にしたのだ。

遼寧省撫順と山西省太原の戦犯管理所では、日本人戦犯に対し、侵略戦争で犯した罪を認めて軍国思想を改める認罪学習が重視された。認罪学習を経て記された供述書にはさまざまな戦争犯罪とともに性暴力も記されている。虐殺、掠奪、放火などについては上官の命令と言い逃れもできるので比較的早く認めたが、性暴力については容易に認罪できなかった。そのため供述書にそれが認められると認罪の最終段階に入ったとみられたという。そのなかに慰安所を「強姦所」と記した供述書がある。慰安所の本質を衝いた名称だ。山西省の「強姦所」には①司令部や大隊本部の近くに朝鮮人、中国人、日本人「慰安婦」を配した慰安所、②小部隊が村の有力者などに地元の女性を集めさせてつくった簡易慰安所、③進圭社や河東村のヤオトンのように軍人が近隣から、あるいは掃討戦で少女や女性を連行した文字通りの「強姦所」があった。このような三つのタイプの「強姦所」は山西省だけではなく占領地のいたるところに存在した。

一九四一年一二月八日のアジア太平洋戦争開戦で戦域は一挙に拡大、日本軍は四二年五月ごろまでには東南アジア各地、太平洋の島々を占領した。中国での経験を踏まえ開戦前から慰安所の設置を準備し、たとえばマレー半島では、一二月一九日には北部アロースターに慰安所を設置し、マレー人、インド人、中国人、朝鮮人を「慰安婦」にした（林博史「東南アジアの日本軍慰安所」『「慰安婦」戦時性暴力の実態』）。

フィリピンの四六人の原告の証言で目立つのは軍人による拉致、日本軍の駐屯所などでの監禁、輪姦だ。抗日ゲリラ活動が活発だったフィリピンではゲリラ掃討を名目にした住民虐殺がしばしば行なわれた。その際に強姦、輪姦されたという証言も少なくない。

レイテ島タクロバン市のクリスティータ・アルコベルさんは、飛行場建設に弟とともに駆りだされ、重労働に従事していた三か月後、女性だけ一〇人が浜に集められ、毎夜、仕事が終わるとココナツの木の下や浜辺で輪姦されるようになった。担当の兵士は女性を選ぶとき「オケーカ、パタイカ（拒否すれば殺す）」といった。そんな状態から解放されたのは約二年後、弟は炎天下での重労働と栄養失調で衰弱し、死亡した。

ロシータ・パカルド・ナシーノさんは、祖母の家に向かう途中軍人に捕らえられ、日本軍が駐屯していたエスタンシアの製氷工場で太股を軍刀で刺された後、毎日輪姦された。約一か月後に解放され、家族を捜して彷徨中、ユサフェ・ゲリラの尋問を受けた。日本軍に性暴力を受けていたと答えると、スパイの嫌疑をかけられ、殴られ蹴られ拷問された。ゲリラは日本兵と同じことをした。日本の下士官に刺された傷口が開いたが、次つぎにのしかかってくるゲリラに犯された。それは、日本軍駐屯地で輪姦され続けたこと以上に辛いことだったとナシーノさんは語った。

日本軍は四二年三月から敗戦までの間、オランダの植民地だったインドネシアに軍政を敷いた。石油をはじめ豊富な天然資源や食糧を収奪し、補助兵の兵補やジャワ防衛義勇軍（ペタ）を組織して戦場に駆り立て、ロームシャ（労務者）をビルマ、マレー半島、フィリピンなどに連行した。約三〇万人のロームシャのうち帰還できたのは約七万人にすぎない。長年の宗主国オランダを短期の戦闘で敗退させた日本軍は当初、歓迎された。しかし、人びとの生活はオランダ時代以上に困窮し、四四年、四五年には各地で民衆が蜂起し、日本軍はこれを弾圧、多くの犠牲者を出した。

だが、敗戦間際まで大規模な戦闘はなく、日本軍は圧政を敷いた。

インドネシアの慰安所には朝鮮人、台湾人、中国人、日本人が連行される一方、地元の少女や女性も「慰安婦」にされた。また、人口の多いジャワ島からボルネオ(現カリマンタン)など他の島や、ビルマ、フィリピン、マレーなどの慰安所にも連行された。小部隊は接収家屋などに近隣の少女や女性を拉致監禁し「強姦所」にした。軍人が業者を伴い民間人抑留所からオランダの女性を強制的に連行し開設した慰安所もあった。強姦、輪姦が多発し、将校らが宿舎などに一人の女性を拘束した例も多い。海軍の主計将校だった中曽根康弘元首相は「原住民の女を襲うものやバクチにふける」三〇〇〇人の部下のために慰安所をつくってやったと記した(松浦敬紀編『終りなき海軍』)が、筆者は襲われた側の証言を数々聞いた。

スカブミのウミクスンさんの姉二人は、ある夜、近くの教会に駐屯していた軍人数人が家に押し入ってきて連れ去られた。姉たちは翌日、憔悴しきって帰ってきて、以来、天井裏で生活した。再び押し入って来た軍人らは、玄関に近い部屋に寝ていた数え一四歳のウミクスンさんを連れ出し輪姦した。家族の誰も日本兵が子どもを襲うことなど想像もできなかった。

当時数え一六歳だったバンドンのスハナさんは、家の前で一人で遊んでいると、突然、軍人に車に乗せられ、家から歩いて三〇分の元オランダ軍の将校宿舎に連れて行かれた。八軒の将校宿舎がいずれも慰安所になっていた。一年半後、性病に罹患し解放され、家に帰ると空き家になっていた。父はスハナさんを捜しに日本軍の駐屯地に行き殺害されたのだ。そのときの父の姿をチマヒの市場で野菜を売っていた仕事仲間が見ていた。父は「娘を返してくれ」と何度も軍人に懇願し、軍刀で切りつけられ路上に倒れた。母は一人娘が突然いなくなり、夫も日本兵に殺され、衝撃のあまり寝込み、その後まもなく他界した。スハナさんは両親が残した家を売り、子宮摘出手術の費用にあてた。その二〇センチ近い傷痕が老いた身体に無惨に残っている。

インドネシアには日本軍人の子が約三万人残されたといわれる。その母親らは「チンタ」(恋人)とよばれた。軍人らの表現では「現地妻」や「愛人」である。だが、女性たちの証言では監禁だ。ジョグジャカルタのサイダさんは父親が区長で、米の供出など日本軍の命令を村民に伝える立場でいつも苦慮していた。壁に飾っておいた娘の写真を見ただけで妻にすると決めた将校の横暴も、日本軍と村との調整を図るために受け入れざるを得なかった。しかし妻とは名ばかりで、日本に妻子のいる将校は宿舎にサイダさんを監禁し、祭りを見るために庭に出ただけで激怒し衣服を軍刀で切り裂き制裁した。将校宿舎には四人の軍人がいたが、女性のいない部屋はなかった。

「慰安婦」も「チンタ」とよばれた女性たちも、戦後、圧政を敷いた日本軍の協力者とみられ、嫌悪され、蔑視された。「日本軍の食べ残し」と後ろ指を指されたエミィさんは軍人に拉致されて慰安所に連行されたのに、日本軍に協力したとみなされ、抗日感情から家を焼かれた。「慰安婦」や「チンタ」にされた女性たちは戦後、日本軍との関わりを消すためそれを示すすべてを土に埋めたというエピソードをしばしば聞いた。

東南アジアでは、フィリピン、インドネシア、東チモール、少数だがマレーシア、ビルマ、そして、インドネシアで被害を受けたオランダの女性たちの証言が記録されているが、他の地域と同様、名のり出る機会のない被害者のほうが圧倒的に多いだろう。

第三章　教科書問題

歴史教科書に記された「慰安婦」のゆくえ

一九九〇年代初め、日本軍の性暴力・「慰安婦」問題は、歴史、法律、女性学など、さまざまな分野で急速に究明が進んだ。これを反映し、教科書会社一〇社が出版する一九九四年度版の高校日本史教科書二〇種のうち一九種に初めて「慰安婦」について記述された。世界史、現代社会、倫理、地理、政治・経済などにも記された。さらに、九七年度版中学校歴史教科書には七社七種のすべてに記述された。義務教育を受けるすべての中学生が「慰安婦」を学ぶ機会を得たのである。

八〇年代はじめ、文部省の教科書検定によって「侵略戦争」が「進出」と修正されるなど歴史の事実が歪曲され、アジア各国から厳しい批判を浴び、大きな問題となった。その結果、「近隣のアジア諸国との間の近現代の歴史的事象の扱いに国際理解と国際協調の見地から必要な配慮がされていること」とする「近隣諸国条項」が義務教育および高校の教科書検定基準に加えられた。これによって検定申請段階での検定意見は少なくなり、次第に植民地支配の実態や侵略戦争の事実、南京虐殺、七三一部隊、強制連行、東南アジアにおける住民虐殺、沖縄戦の実態が教科書に記載されるようになった。「慰安婦」も「国際理解」を深めるうえで中学生、高校生が学ぶべき内容として記述されたのである。

しかし、九〇年代半ばから植民地、侵略戦争の事実を教科書から削除しようとする動きが活発になり、特に「慰安婦」に対するそれは際立った。「慰安婦」の日本軍関与否定論は、九〇年代初めからマスメディアを通じて喧伝されていたが、中学校歴史教科書への「慰安婦」の記述があきらかになると、いっそう激しくなり、削除キャンペーンがさまざまな形で展開された。

九三年八月、細川護熙《もりひろ》首相は就任後初めての記者会見で、日中戦争に始まる先の大戦は「侵略戦争であった。間違った戦争であった」と発言した。この発言に反発して発足した自民党の「歴史検討委員会」は、九五年に「大東亜戦争」の総括を行なった。そこでは、「大東亜戦争」はアジア解放戦争であり、侵略戦争ではない、「慰安婦」や南京大虐殺はデッチあげであり、教科書の侵略戦争・加害の記述を削除させるたたかいが必要だとし、このような歴史認識を定着させるため学者によびかけ、「国民運動」を展開することを提起した。同委員会は総括発表後に解散したが、同様の趣旨の議員連盟が次つぎに組織された。「終戦五〇周年国会議員連盟」(九四年一二月)、「明るい日本・国会議員連盟」(九六年六月)、「教科書検定問題に関する検討小委員会」(九六年七月)、「日本の前途と歴史教育を考える若手議員の会」(「若手議員の会」九七年二月)、「日本会議国会議員懇談会」(九七年五月)などである。なかでも、「若手議員の会」(中川昭一会長、安倍晋三事務局長)は「慰安婦」と教科書問題について講師を招いて一〇回の勉強会を重ねるなど活発に活動し、政府の中枢に入った議員も多く強い影響を及ぼした。

一方、中学校教科書に「慰安婦」が記述されたことに反発し、学者・文化人らによって組織されたのが「自由主義史観研究会」(九五年一月)と「新しい歴史教科書をつくる会」(「つくる会」九六年一二月)である。「若手議員の会」に支援され、連携するこのふたつの会は、侵略戦争、「慰安婦」、南京大虐殺などの教科書の記述を「自虐史観」「偏向」と攻撃した。

九六年一二月、岡山県議会に教科書の「慰安婦」記述の削除を求める意見書が提出されたのをはじめ、九七年にかけて同様の意見書が全国各地の議会に提出され、採択をめぐって大きく揺れた。

右翼団体は教科書会社に街宣車で押しかけ、執筆者を脅迫するなどした。

また、事実を歪曲し、「慰安婦」被害者を貶める発言も相次いだ。

「『慰安婦』は当時の公娼であって、それを今の目から女性蔑視とか、韓国人差別とかはいえない」(永野茂門法相、九四年、「南京虐殺はなかった」との発言で就任早々更迭)

「(「慰安婦」は)プロスティテュートと呼ばれるべき存在」(藤岡信勝、東大教授、九七年)

「(従軍看護婦のように)大変ご活躍された人がなぜ中学校の教科書になくて、いわばゴミみたいな言葉を拾いあげてきて、なぜあげるんだ」(木村義雄、「若手議員の会」、九七年)

「慰安婦だったと言って要求している人たちの中には…略…明らかに嘘をついている人たちがかなり多くいるわけですよ」(安倍晋三、「若手議員の会」事務局長、九七年)

この他にもさまざまな発言があったが、最も多いのが、「慰安婦」は「公娼」「売春婦」「カネを稼いでいた」といった、日本軍の責任を否定するための「商行為」論だ。女性の性の売買を公認した公娼制度の下では公娼、私娼は「醜業婦」とみなされたが、「商行為」論には同様のニュアンスが含まれている。連行時や慰安所における強制をなまなましく伝える被害者の証言を打ち消すためになされたこれらの発言は、セカンドレイプ以外のなにものでもない。

九八年六月、町村信孝文部大臣は「教科書は偏向している。検定提出前に出版社に是正させるよう検討する。また採択を通じて是正することも検討する」と国会で答弁した。その後、文部省幹部から中学校歴史教科書出版社の経営者は内容の是正と著者の見直しを要請された。〇二年度版の中学校歴史教科書では、「慰安婦」について記述した教科書は三社に減った。教育出版の検定申請本では「さらに多くの朝鮮人女性なども、戦地に送り出されたが、検定意見によって「さらに多くの朝鮮人女性なども工場などに送り出された」と修正され、「慰安婦」の事実は消された。清水書院は「戦地の非人道的な慰安施設には」と記し、「慰安婦」ということばは使っていない。帝国書院も同様に「慰安施設に送られた女性」と記している。九七年度版より詳しくなったのは日本書籍だけだ。この三社の教科書の採択率は合計二〇パーセント弱で、多くの中学生が「慰安婦」について学ぶ機会を失った。さらに〇六年度版では日本書籍新社と帝国書院の二社に減り、本文では「慰安婦」ということばは使われなくなった。

一方、「新しい歴史教科書をつくる会」の〇二年度版中学校歴史と公民教科書が文科省検定に合格した。アジア太平洋戦争を「大東亜戦争」と表記し、コラムで「日本の神話」や「武士道と忠義の観念」を取り上げるなど、きわめて復古的な教科書である。

「若手議員の会」は、中学校歴史教科書の「慰安婦」の記述が三社に減少した〇一年の採択後、目立った活動をしていなかったが、〇四年二月、名称を「日本の前途と歴史教育を考える議員の会」(「歴史教育議連」)と変更し、センター試験の朝鮮人強制連行出題問題をきっかけに活動を再開した。そして、六月、「歴史教育議連」は「つくる会」教科書の検定・採択の全面支持を目的とする自民党の国会議員、地方議員合同のシンポジウム「正しい歴史教育を子供たちに!」を開催した。安倍晋三自民党幹事長は、「歴史教育の問題は憲法改正、教育基本法改正の問題と表裏一体の重要課題」などと記した通達を都道府県連に出し、地方議員の参加を促し、シンポジウム当日の来賓挨拶では次のように語った。

「『従軍慰安婦』という歴史的な事実はなかった。前回の教科書検定では左の勢力により『つくる会』に対する圧迫があり、言論の自由が奪われようとしていた。文部科学省にも教科書改善への働きかけを積極的に行っていく」(俵義文『あぶない教科書NO』)

「つくる会」教科書を採択したのは〇一年度版は数校のみ、〇六年度版も〇・四パーセントに過ぎない。しかし、一般書籍としても出版され、ベストセラーになった。

アジア各国から批判される教科書検定の検定意見ではなく、政府、文科省の圧力、「若手議員の会」および「歴史教育議連」と「自由主義史観」「つくる会」が連携しての活動、右翼の攻撃などによる教科書会社の自主規制によって「慰安婦」の記述は中学校の教科書から消えていった。「歴史教育を通じて永く記憶にとどめ、同じ過ちを決して繰り返さない」という河野談話が中学校の教科書に反映されたのはわずか一〇年、しかも、後半の六年は不十分な内容であった。

第四章　裁かれた日本軍性奴隷制

裁判に訴え出た被害者たちの思い

日本軍「慰安婦」とされた女性たちはほとんど例外なく、戦後の半世紀以上を社会の片隅で自分の過去を隠してひっそりと生きることを余儀なくされてきた。彼女たちは、自分の人生を変え、心と体に深い傷をつけた加害者に対する怒りと悲しみをどこにぶつけたらいいかわからないまま、むしろ自分が悪かったのではないかという自責の念さえ持って苦しんできた。こうした長い沈黙のあとに裁判を決断するということは、何よりも、自分の被害は自分が悪いわけではない、日本軍が悪いのだ、ということをはっきりさせたいという強い要求に根ざしていた。中国人「慰安婦」訴訟の原告のひとり、郭喜翠《グォチースイ》さんは次のように語っている。

「私が、日本軍によって被害を受けたことを公表するということは、自分の名誉を傷つけるのではないか、とか、年もとっているのだからあきらめたほうがいいと言う人もあります。しかし……自分自身で思いっきり呼吸ができるようになるために、裁判をしたいと思って決意しました。……私が長いあいだ抱え込んできた自分に対する膨大な罪悪感、自分に価値がないという気持ち、自分の重荷を口に出せてよかったと思っています。……私はこの裁判で、日本軍のほうが加害者で悪いのだとはっきりさせて謝罪をしてほしいと思っています」

一九九一年一二月に金学順さんを含む三人の「慰安婦」被害者が提訴して以来、九四年までに韓国、フィリピン、オランダなどの被害者が裁判に訴え出た。九五年からは中国人被害者の提訴が続くようになった。九五年八月、九六年二月、九八年一〇月に相次いで中国山西省の被害者が提訴し、九九年七月には台湾の被害者が、二〇〇一年七月には中国最南部に位置する海南島の少数民族の被害者が提訴した。このようにして九一年から一〇年の間に合計一〇件の裁判が起こされ、それぞれの裁判所での審理が始まった。

最初の判決は九八年四月の山口地裁下関支部の判決であった。国会がこの問題について被害者を救済する立法的措置をとらなかったことは違法だとする画期的な判決であった。この「立法不作為の違法」という裁判所の判断は、その後の議員立法の動きにつながった。

残念ながら、この下関支部判決の控訴審判決をはじめ、そのほかの事件でも、最高裁まで判決はいずれも原告の請求を退けるものであった（海南島の事件のみ〇九年一〇月現在最高裁に係属中）。しかし、多くの判決は被害事実をきちんと認定し、そのうちのいくつかは「慰安所」制度が当時の国際法、国内法に違反するものであったことも認め、さらには立法府や行政府に対して解決を促す付言がつけられるなど、裁判はひとつの運動としての成果を上げた。

裁判で明らかになった「慰安所」制度の実態

裁判で被告となった日本政府は、事実を調べるまでもなく、法律論で原告の請求を棄却すべきであると強く主張した。一方で、原告たちは、日本の裁判所で長年の悔しい思いをぶつけることができる尋問の機会に、あるいは意見陳述の機会に、その思いのたけを語った。母親の苦痛を引き継いだ遺族の原告もそれぞれに語りつくせない思いを陳述した。こうした被害者の話は裁判所を大きく動かし、判決の中での被害事実の認定につながった。被害については被害者である原告たちの供述以外に客観的な文書などは存在しないのがふつうである。このため日本社会には被害者の証言は信ぴょう性がないとする議論も根強く存在しているが、このような被害者の供述も、裁判所は事件の性質を踏まえ信用性の高いものとして事実認定の基礎にすえている。

こうして一〇件のうち八件の事件で裁判所は被害事実を詳細に認定した。

判決で事実認定がされ、被害者の受けた被害内容がどのようなものであったかが判決に書かれることは、とりわけ訴え出た原告にとって大きな意味を持っている。それまで自分の被害を家族にさえ隠し、あたかも自分に落ち度があったかのように暮らしてきた原告にとって、自分の被害を被害として、加害者は日本軍であること、そのような制度をつくり、多くの女性たちの尊厳を奪った行為は違法行為であることを日本の裁判所が公式に認めることは、彼女たちの尊厳の回復にとって重要な意義がある。また裁判所が証拠調べをして認定し、確定した事実は行政権も立法権も否定できない事実であり、社会的に共有されるべき歴史認識の一部とならなければならない。

安倍元首相は「強制連行を示す証拠はなかった」と主張したが、その点に触れた認定の例を示してみよう。本来、「慰安婦」問題の核心は「慰安所」での自由の剥奪と性行為の強要であるが、「慰安婦」問題を否定しようとする人々は「強制連行がなかった」と強調し、日本政府の責任を否定するので、その点について判決がどのように認定しているかを明らかにしておきたい。「アジア太平洋戦争遺族会裁判」の控訴審判決は、次のように述べている。

控訴人蘆清子は、大正九年ないし一〇年、忠清南道で生まれた。数え一七歳の春、一〇人位の日本人の軍人に、手足をつかまれて捕えられ、トラックと汽車を乗り継がされ、オオテサンの部隊の慰安所に連れて行かれた。慰安所では、性行為を強要され続けたが、一晩に三〇、四〇人から時には五〇人もの軍人の相手をさせられた。また、軍人から、銃剣で左足の付け根を刺され重傷を負わされたが、その時の傷痕は、今でも消えていない。（略）

次に、中国人「慰安婦」第一次訴訟控訴審判決では次のように認定している。

控訴人劉は、一九四三年の旧暦三月ころ（新暦の四、五月ころ）、三人の中国人と三人の武装した日本軍兵士らによって無理やり自宅から連れ出され、銃底で左肩を強打されたり、後ろ手に両手を縛られるなどして抵抗を排除された上、進圭村にある日本軍駐屯地に拉致・連行され、ヤオドンの中に監禁された。（略）

裁判で何が争点になったのか

原告側は、「慰安婦」とされた被害者の被害とその背景にある「慰安所」制度について、大きく分けて国際法と国内法の二つの分野の法律をもとにその違法性を主張した。

国際法の分野では、①奴隷条約とその国際慣習法、②強制労働禁止条約、③婦女売買禁止条約（醜業条約）、④ハーグ条約、⑤人道に対する罪に関連する国際法と国際慣習法　⑥戦争犯罪に関する国際法と国際慣習法、などに「慰安所」制度は違反していると主張した。

日本は「醜業ヲ行ハシムル為ノ婦女売買禁止ニ関スル国際協定」(一九〇四年締結)、「醜業を行ハシムル為ノ婦女売買禁止ニ関スル国際条約」(一九一〇年締結)、「婦人及児童ノ売買禁止ニ関スル国際条約」(一九二一年締結)に加盟した。これらの条約は加盟国に対し、詐欺的なまたは強制的手段で成年の女性を、また未成年の女性については本人の承諾を得た場合であろうと、女性を醜業(売春)につかせる行為を処罰すべきこと、その内容の立法をなすべきことを義務づけている。

ハーグ陸戦条約三条は「前記規則(ハーグ陸戦規則)ノ条項ニ違反シタル交戦当事者ハ、損害アルトキハ、之カ賠償ノ責ヲ負ウヘキモノトス。交戦当事者ハ、其ノ軍隊ヲ組成スル人員ノ一切ノ行為ニ付責任ヲ負フ」と規定している。そしてハーグ陸戦規則四六条には占領軍は占領地の人民の権利を尊重しなければならないとして「家ノ名誉及権利、個人ノ生命、私有財産並宗教ノ信仰及其ノ遵行ハ、之ヲ尊重スヘシ」と定めている。女性の性暴力被害が「家の名誉」の侵害ととらえられていたことはこの陸戦規則がつくられた時代を反映しているが、いずれにしても、占領地の女性たちを「慰安婦」として性暴力にさらした日本軍の行為はこの規則に違反し、日本軍は被害者に対して賠償する義務があるとしている。

そのほか、人道に対する罪、戦争犯罪に関する国際慣習法などが主張されたが、裁判所は、国際法は国と国との関係を規定するものであり、被害者個人が直接このような国際条約を根拠に日本政府に対して損害賠償請求ができるわけではないと、原告の請求を退けている。しかし、ここで取り上げられたさまざまな国際条約や慣習法に照らして「慰安所」制度が違法なものであり、日本政府に国際法上の法的責任のあること自体は、裁判所も認めている(宋神道事件高裁判決)。

国内法上の責任

ほとんどの裁判で原告側は、日本政府に国内法上の法的責任があると主張してきた。被害者は「慰安所」を設置・運営した責任は日本政府にあるとして、また最前線の兵士たちの行為もこうした「慰安所」制度の末端の形態として、日本政府に対して、日本の民法の不法行為による損害賠償を求めてきた。これに対し、日本政府は次の三つの主張を出して争った。

まず、国家無答責である。戦前は政府や行政権力の違法について賠償請求を認める法律はなかった。したがっていかに軍隊が違法を行なったとしても、国民がその損害賠償を求めることは、法律がないのだからできない、とする議論である。この議論は、超えられない壁のように思われてきた。しかし近年では、公務員の違法行為の責任を問えないということの「論理」に対する批判が高まり、裁判所もこの議論を適用すべきでないとする判決を出すようになってきた。

次に、除斥期間が経過したとの主張である。不法行為の時効については、民法七二四条で、被害者が不法行為の時から二〇年の間に請求をしないと請求権は消滅するという制度がもうけられており、この「二〇年」について、最高裁は自動的に権利が消滅する「除斥」期間だとしてきた。戦時中の「慰安婦」被害者の被害は半世紀以上前のことになるので、すでに除斥期間を過ぎて、被害者の請求権は消滅した、と日本政府は主張した。これに対し、「除斥」という考えには多くの学者が反対しているばかりでなく、最高裁自身も例外的にこれを適用しないとした例があり、少なくとも「慰安婦」被害者のような人道に反する重大な人権侵害を受けた被害者などについては適用すべきでない、と原告側は主張した。

三つ目に、請求権は放棄されたとする主張である。これは、日本政府の戦後補償問題に対する基本的な立場である。日本軍やその関係者が第二次世界大戦の間、連合国やその国民に対して違法行為を行なったとしても、その損害賠償請求権はサンフランシスコ平和条約でお互いに放棄した、というものである。同条約に加盟していなかった国々とも日本政府は同じような平和条約を結んできており、それらの条約で被害国がその国民の請求権を放棄したから、その国民は請求できなくなった、というのである。最高裁は二〇〇七年四月二七日、中国の被害者について、中国はサ条約の当事国ではないが、一九七二年の国交回復の際に出された日中共同声明でこの請求権を放棄した、との判決を下した(しかしこの最高裁判決は、放棄されたのは訴え出る権能だけであって、請求権そのものではない、と判断した)。

このように裁判では、原告の主張を最終的に認める結論は出ていないが、それとは別に、裁判の過程で、「慰安婦」被害者の被害の実態とともに、慰安所制度が当時の国際法や国内法に違反することが明らかにされてきたのである。そして、いくつかの判決では、日本軍の行為の違法性について特に強く非難する文言が書き込まれている。たとえば山西省性暴力事件東京地裁判決では次のように書かれている。

本件加害行為は、「戦争は平時においては許されなかった行為をも許容する」といわれる戦時下の所業であったとしても、これが国際的に是認されるという余地はおよそなかったものであるといわざるを得ない。……本件加害行為が国際法に違反するという原告らの主張は、これが国際法の次元においておよそ是認される余地のない、著しく愚劣な蛮行であったという意味では、これを十分に首肯することができる。

海南島事件東京高裁判決でも判決は以下のように述べている。

本件被害女性らは、本件加害行為を受けた当時、一四歳から一九歳までの女性であったのであり、このような被害女性らに対し、軍の力により威圧しあるいは脅迫して自己の性欲を満足させるために凌辱の限りを尽くした軍人らの本件加害行為は、極めて卑劣な行為であって、厳しい非難を受けるべきである。

裁判所の立法権・行政権への注文

裁判所はこれらの事件について当時の法律を適用して判断せざるをえないという意味で、「いわば過去形の問題解決しか許されない」（山西省性暴力事件東京地裁判決）。そこで裁判所が立法権や行政権にこの問題解決を促す、あるいは問題解決の責任を問う、ということがなされている。そのもっとも明確なのは、この問題の解決を図ろうとしなかった立法権に不作為の違法があるとした下関判決である。この判決は次のように述べる。

従軍慰安婦制度がいわゆるナチスの蛮行にも準ずべき重大な人権侵害であって、これにより慰安婦とされた多くの女性の被った損害を放置することもまた新たに重大な人権侵害を引き起こすことをも考慮すれば、遅くとも右内閣官房長官談話が出された平成五年（一九九三年）八月四日以降の早い段階で、先の作為義務（立法義務――引用者注）は慰安婦原告らの被った損害を回復するための特別の賠償立法をなすべき日本国憲法上の義務に転化し、その旨明確に国会に対する立法課題を提起したというべきである。

判決の「付言」という形で、立法や行政に問題を提起した判決も出されている。山西省性暴力事件の東京地裁判決は次のように述べる。

戦後五十有余年を経た現在も、また、これからも、本件被害が存命の被害者原告である原告らあるいは既に死亡した被害者原告らの相続人あるいは訴訟承継人である原告らの心の奥深くに消え去ることのない痕跡として残り続けることを思うと、立法府・行政府において、その被害の救済のために、改めて立法的・行政的な措置を講ずることは十分に可能であると思われる。……いわば未来形の問題解決として、関係当事者および関係機関との折衝を通じ、本件訴訟を含め、いわゆる戦後補償問題が、司法的な解決とは別に、被害者らの直接、間接に何らかの慰藉をもたらす方向で解決されることが望まれることを当裁判所として付言せざるを得ない。

処罰を求めて――女性国際戦犯法廷

日本軍は軍中央の計画と指導のもと、日本軍占領地のほとんどあらゆる場所に軍「慰安所」を設置した。そして、多数の女性(その多くは未成年の少女)を連行し、兵士の相手をさせた。この日本軍「慰安所」制度は、戦争当時でも戦争犯罪だったのであり、その組織性と被害の深刻さで、通常の戦争犯罪の域をこえ、「人道に対する罪」として裁かれるべき国家犯罪であった。本来であれば戦後、すみやかに裁かれるべきであったが、一九四五年当時は性暴力被害を戦争犯罪として告発する意識は低く、オランダ、中国、フランスの検察陣が「慰安婦」についての書証を極東国際軍事裁判（東京裁判）に提出しているが、処罰は行なわれなかった。

しかし、この制度の存在が国際的に知られるようになった早い時期から、被害者や国際社会はこの国家犯罪の責任者の処罰を求めていた。一九九八年に国連人権小委員会（差別防止少数者保護小委員会）に提出されたゲイ・マクドゥーガルの報告書は最も強く処罰を求めていた。この報告書は、現在も世界各地で性暴力が起きていることを指摘し、日本軍性奴隷制度の加害者がきちんと処罰されないことによって、〝不処罰の連鎖〟が起きていると主張した。

こうした流れを背景に、被害国のNGOと加害国日本のNGO、そして戦時性暴力の根絶を願う世界の女性たちが手をたずさえて実現させたのが、「日本軍性奴隷制を裁く女性国際戦犯法廷」であった。欠落してきたジェンダーの視点に立ち、日本軍の性奴隷制を当時の国際法に基づいて裁き、責任者の「法的」責任を明らかにしようという試みである。

二年半の準備を経て二〇〇〇年一二月に東京で行なわれた「法廷」には、連日、海外からの参加者四〇〇人を含む一〇〇〇人あまりが傍聴席を埋めた。「法廷」を支えたボランティアは二〇〇人を超え、八つの国と地域から六四名の被害者と各国の検事団が集まった。各国の被害者が生々しい被害体験を証言する一方で、日本の元兵士も加害の体験を証言した。また、さまざまな角度から研究者も証言を行なっている。

こうして法廷に集められた証拠と証言をもとに、国際的に著名な法律家や学者で構成される判事団は、二〇〇一年一二月、天皇以下訴追された軍の責任者が「慰安所」の設置・管理について当時の国際法に照らして有罪であるとする判決を下した。

この法廷は、権力をもたない市民が開いた法廷であるが、この審理と判決は現在の国際法をリードするすぐれた理論的水準を示すものとして高く評価されている。

この法廷と判決は、日本社会に大きなインパクトを与えると思われた。しかし、世界のメディアが大きな関心を寄せたにもかかわらず、多くの日本のメディアはこの法廷の様子や判決の内容をほとんど報道しなかった。こうしたなか、NHKは二〇〇一年一月にETVシリーズ二〇〇一「戦争をどう裁くか」の第二夜「問われる戦時性暴力」でこの法廷を取り上げることになった。制作スタッフは、この法廷を中心的に準備してきた市民団体VAWW‐NETジャパンの協力を取り付け、意欲的に番組を制作していた。ところが、NHKに政治的圧力が働き、放映の当日まで、制作現場の意向に反した改変がNHK上層部から命じられ、カットが繰り返されるという異例の事態が引き起こされた。番組制作に協力してきたVAWW‐NETジャパンは、NHKなどを提訴し、最高裁まで争われたこの裁判では、メディアの自律性が問われることとなった。

その後、裁判という形ではないが、放送と人権等権利に関する委員会（BRC）や放送倫理・番組向上機構（BPO）の放送倫理検証委員会がこの問題をとりあげ、政治的圧力に弱いNHKの体質を批判した。BPOは、放送倫理上の問題があったと認めたうえで、視聴者に改めて説明するよう要求した。

第五章　国際社会からの勧告

早くから国連やＩＬＯで問題に

金学順さんが名乗り出た一九九一年の、はやくも翌年にはＮＧＯによって国連人権委員会にこの問題が提起された。そして九六年にはラディカ・クマラスワミ（女性に対する暴力特別報告者）が国連人権委員会に報告書を提出した。この報告書は「慰安婦」問題について最初の国際的な報告書として大きな注目を集めた。報告書は日本政府に対し、次のように勧告している。

ａ　慰安所制度が国際法の下でその義務に違反したことを承認し、かつその違反の法的責任を受諾すること

ｂ　被害者個々人に対し、賠償を支払うこと。多くの被害者が極めて高齢なので、この目的のために特別の行政審査会を短期間内に設置すること

ｃ　日本政府が所持するすべての文書および資料の完全な開示をすること

ｄ　被害者に対して書面による謝罪をすること

ｅ　教育によって認識を高めること

ｆ　慰安所への女性たちの募集や収容に関与した者の訴追をすること

また九八年八月には武力紛争下の強姦、性奴隷制および奴隷類似慣行に関する特別報告者ゲ

イ・マクドゥーガルが国連人権小委員会に「武力紛争下の組織的強姦、性奴隷制および奴隷制類似慣行に関する最終報告書」を提出し、その付属文書「第二次大戦中設置された『慰安所』に関する日本政府の法的責任の分析」のなかで特に日本政府の「法的責任」について分析している。それによれば、「慰安所」制度は奴隷条約の定義する奴隷制であり、仮にこの定義から外れるケースでも戦争法規に違反する強姦であり、しかも大規模に行なわれたので「人道に対する罪」に当たる、と結論づけている。そしてこのような国際法違反の犯罪行為を行なった日本政府は、この制度設置に責任のある者の訴追と被害者の原状回復の義務があると説いている。

九六年にはＩＬＯ（国際労働機関）が「慰安婦」は性奴隷であり、慰安所制度はＩＬＯ二九号条約（強制労働禁止条約）に違反するとの見解を発表した。ＩＬＯは二〇〇九年までくり返しこの問題をとりあげ、日本政府に被害者の救済を求める見解を発表してきた。とりわけ二〇〇七年の報告書では、「日本政府が直ちに、その数が年とともに減少し続けている被害者たちの請求に応える措置をとることを希望すると断固として繰り返す」とした。

二〇〇一年には国連社会権規約委員会で、アジア女性基金による償い金支給が被害者によって受け入れられる措置とはみなされていないことに懸念を表明するとして次のように勧告した。「委員会は、遅きに失する前に、『慰安婦』の期待に沿うような方法で犠牲者に対して補償を行うための手段に関し、締約国が『慰安婦』を代表する組織と協議し、適切な調整方法を見出すことを強く勧告する」

また女性差別撤廃委員会では、九四年に引き続き〇三年にも「慰安婦」問題が討議されたが、〇三年の日本政府報告審査の最終見解で、日本政府のとったアジア女性基金による解決が被害者の受け入れられる解決になっていないことを前提に、「委員会は締約国がいわゆる『従軍慰安婦』問題を最終的に解決するための方策を見出す努力を行うことを勧告する」と述べている。そして〇九年に行なわれた委員会でも、同様の勧告がくり返された。

さらなる国際的な批判の広がり

このような国際世論の流れのなかで、さらに飛躍的な動きが起こってきた。

〇七年一月にはアメリカ下院外交委員会に日本政府に対する「明瞭であいまいでない」謝罪を求める決議案が提出された。この審議が始まっていた三月一日、当時の安倍首相は、被害女性たちが「強制連行された証拠はない」と発言して世界を驚かせた。国際社会では、強制であろうと、だまして連行したにせよ、「慰安所」に連行してその意に反して日本兵の相手をさせれば、当然、女性を奴隷のように扱った重大な人権侵害であって、そうした「慰安所」を設けた軍（日本政府）の責任は免れようがないとの見方が一般的だ。ところが、日本政府の代表者である首相が〝強制的に連行したわけではない〟と責任のがれの発言をしたことで、かえって世界は厳しい眼を日本政府に対して注ぐことになった。

その年七月にはアメリカ下院でこの決議が採択され、一一月にはオランダとカナダの議会で、一二月にはＥＵ議会で、同様の決議が採択された。

それまでも被害国である韓国、フィリピン、台湾などの議会でこの問題についての決議があげられたことはあるが、被害国ではないアメリカやEUなどの議会で日本政府に対する厳しい勧告が決議されたことは、この問題への国際的な関心の高さを示している。それは単に戦争中の加害責任を認めるべきだという歴史問題というより、むしろ現在もなお侵害されたまま放置されている女性の人権の救済という観点からなされている。

ＥＵ議会の決議は、奴隷貿易が廃止されてから二〇〇年、婦人及び児童の売買禁止条約(一九二一年)、ＩＬＯ二九号条約(一九三〇年)など、女性の人権をめぐる国際環境の発展をあとづけたうえ、厳しい勧告を日本政府につきつけた。

ここには長い人類の歴史のなかで、女性の人権を守り発展させてきた国際社会が「慰安婦」問題での明確な態度を示し、この人類の歴史の流れを妨げるのではなく、一歩進める決意と実行を日本政府に促す熱い思いがこめられている。

自由権規約委員会の勧告

このように日本政府をめぐる国際社会の眼が厳しさを増すなかで、〇八年一〇月には自由権規約委員会の五回めの日本政府報告書審査が行なわれた。これは自由権規約の実施状況についての日本政府報告を同委員会が審査するというものであるが、委員会は「慰安婦」問題に重大な関心をむけていた。審査に先だって日本政府に送られた質問リストのなかにも入れられていたが、審査結果として出された最終報告には、次のような委員会の懸念と勧告が入れられていた。

委員会は、締約国が第二次世界大戦中の「慰安婦」制度の責任をいまだに受け入れていないこと、加害者が訴追されていないこと、被害者に提供された補償は公的資金ではなく私的な寄付によって賄われており不十分であること、「慰安婦」問題に関する記述を含む歴史教科書がほとんどないこと、そして幾人かの政治家およびマスメディアが被害者の名誉を傷つけあるいはこの事実を否定し続けていることに、懸念を持って注目する。

締約国は、「慰安婦」制度について法的責任を受け入れ、大半の被害者に受け入れられかつ尊厳を回復するような方法で無条件に謝罪し、生存している加害者を訴追し、すべての生存者に権利の問題として十分な補償を行うための迅速かつ効果的な立法・行政上の措置をとり、この問題について学生及び一般の公衆を教育し、被害者の名誉を傷つけあるいはこの事実を否定するいかなる企てをも反駁し制裁すべきである。

自由権規約委員会は国連の各種委員会の中でも、人権について特に権威のある委員会である。その委員会でのこうした勧告は、日本政府への国際社会の批判を集約したものといえる。

この勧告は、日本政府に対して「法的責任を認め」ることを要求している。ここでいう「法的責任」とは、第一に国際法の下で犯罪行為である「慰安所」制度の設定と管理を行なった国際法上の「法的責任」をのべている。そして国際法上、国際違法行為を行なった国家は、犯された違法行為によって損害を与えた個人に対して謝罪し、賠償を行なうという現状回復の義務と、違法行為を行なった者を処罰し、二度と過ちをくり返さないための措置（たとえば、教育によって次の世代に伝え教訓とするなど）をとることが国際法上必要だとされている。

第二には国内法上の「法的責任」である。日本政府は国内裁判所で原告の請求が退けられたこと、また日本政府はかねてから、こうした戦争中の行為にともなう被害者への賠償義務は、すでに解決済みという立場に立ち、「法的責任」はないと主張している。しかし「国家無答責」や「除斥」「請求権放棄」のような日本政府の主張する「法的責任」を免れる理屈は日本の国内法上の技術的なものであり、日本の裁判所でだけ通用するものである。そのためにEUの決議では、むしろ「裁判所における賠償獲得の現存の障害を除去する立法措置、とくに、日本に賠償を要求する被害者の権利が国内法で明確に認められ」るよう日本の国会に対して要求すること、が一項目として入れられている。

自由権規約委員会の勧告は、国際社会が長年にわたって築いてきた人権保障の枠組みを日本政府に守らせ、今なお侵害された人権の回復がなされていない被害者に対して、国際法上、国内法上の「法的責任」を認めるよう日本政府に迫っているのである。

日本政府の対応

こうした国際社会からの声を、日本政府は一貫して無視しつづけてきた。九三年八月に河野談話が出された後も、要職にある政治家などから談話を否定する発言が相次ぎ、しかも政府としてこれを明確に否定するということもせずに放置するということが繰り返された。たとえば閣僚の発言に限っても以下のような発言がなされている。

九八年七月　中川昭一農林水産大臣　「中学校の教科書に従軍慰安婦の記載があるのは問題」

〇四年一一月　中山成彬文部科学大臣　「やっと最近、従軍慰安婦とか強制連行といった言葉が減ってきて本当によかった」
○六年一○月　下村官房副長官　「河野談話」について「もう少し事実関係をよく研究し、客観的に科学的な知識を収集し考えるべきだ」
○七年三月　安倍首相　「強制連行された証拠はなかった」
政治家だけではなく、評論家などにもこうした主張をする人が少なくない。そうした人々が、○七年六月、アメリカ下院で「慰安婦」決議が審議されていた時に、ワシントンポスト紙へ全面広告を出し、かえって大きな顰蹙《ひんしゅく》をかったことは記憶に新しい。

「女性のためのアジア平和国民基金」は、国際的に、日本政府の責任を明らかにしておらず、不十分なものとされたが、日本政府は基金の運営を支援しているとの主張をくり返し、新たな方策を検討しようとはしなかった。基金自身が問題解決のための課題は残されていることを認めていたにもかかわらず、基金は○七年三月に解散し、政府はこれで問題は終了したとしている。

さらに○八年の自由権規約委員会で、さきに引用したような明確な勧告が出されたにもかかわらず、麻生内閣は、谷岡郁子参議院議員からの質問主意書に対して、「勧告に従う義務はない」との回答を出し、勧告を無視する態度を明らかにした。

日本政府は、人権委員会が改組されて人権理事会が設立されたとき、自ら立候補してその理事国となった。その一方で「自由権規約委員会の勧告に従う義務はない」とする態度は、日本の国際社会での信用を著しく傷つけ、日本の孤立化を招くものであろう。

第六章　ハルモニたちのいまとNGO

「慰安婦」問題に取り組んで人生が深まった

「慰安婦」問題を日本及び国際社会に提起し、活発に活動してきた挺対協は現在、「戦争と女性の人権博物館」の建設に取り組んでいる。

挺対協は毎年、亡くなったハルモニの追悼集会を年末に行なってきた。「子どもはいない。残す物もない。必死に闘ってきたけれど、日本政府は変わらない。自分たちのことを伝えたい、残したい」。最後の瞬間までそういいながら亡くなったハルモニたちの遺志を実現するため博物館建設を決定したのは〇三年の追悼集会である。建設用地はソウル市に要請し、西大門独立公園内の刑務所跡地と決まった。植民地時代、多くの抗日運動家が獄死した独立運動の聖地だ。そして、〇九年三月八日、ようやく着工式にこぎつけた。

最近、挺対協常任代表の尹美香《ユンミヒャン》さんは李溶洙《イヨンス》ハルモニから「いつもおばあさんといっしょにいるからすっかりおばあさんになったね」といわれる。

大学時代は民主化運動の激動期。政府と闘って逮捕されれば拷問死しかねない状況の八〇年代には女性問題は提起しにくい雰囲気だった。当時、韓国政府は学生のサークル活動を禁止していたが、尹さんは、女性学会というアンダーサークルに入り、第三世界の女性運動や女性の労働運動などを学んだ。卒業後、キリスト教関係の女性団体で働き、キーセン観光に関する報告書を作成した。金学順さんの証言を聞いたことが決め手となり、九二年に挺対協が事務局員を募集したとき迷わず応募した。以来、ハルモニとともに活動してきた。

尹さんは九七年八月から挺対協を離れたことがある。初代代表の尹貞玉さんと親子でハルモニを利用して金を集め、私腹を肥やしていると一部のハルモニから告訴された。尹貞玉さんとは親子ではない。韓国では告訴されると検察は必ず捜査する。捜査官は挺対協のきちんとした帳簿を見て、薄給に甘んじ、「慰安婦」問題解決のために奔走しているのに疑われてかわいそうだと同情し、車で送ってくれたほどだ。だが、ハルモニたちから攻撃を受けた衝撃は消えなかった。

「地の底まで落ちた経験はその後の自分を変えました」

歴史の犠牲者としてではなく、同じ女性としてハルモニたちと向き合うようになったのだ。

○二年二月、尹さんが復帰したとき、事務局のメンバーはみな深く傷ついていた。ハルモニたちは、日本政府が謝罪も賠償もせず、解決に至らない苛立ちを身近な支援者にぶつけていたのだ。けれど、世界各地に赴き、国際的に活躍する女性たちと出会ったハルモニたちは、自らが女性運動家に変わっていった。たとえば李容洙さんは、被害証言だけではなく、「慰安婦」問題が解決しなければ女性に対する暴力の問題は解決しないと、普遍化して発言するようになった。

「自分たちを責めるハルモニが、一方で、あなた方のおかげで私は変われたというんですね」

○七年の各国の「慰安婦」決議案採択を前に、尹さんはハルモニと各地を訪問した。アメリカでは九二年にワシントン挺対協が結成され、九○年代半ばから決議実現の運動が始まり、それが結実した。カナダでは決議案採択のためのカナダ挺対協が組織された。ヨーロッパでは〇六年にアムネスティが「慰安婦」問題に関する報告書を公表した際、挺対協はキャンペーン・ツアーを提案、尹さんと吉元玉《キルウオノク》さんが行った。吉ハルモニの発言はメディアでもワークショップでも大きな反響をよんだ。吉ハルモニは自信を深め、さらに聞く人の心を揺さぶる話をした。

挺対協は二〇〇〇年に開催された女性国際戦犯法廷が終わった後、従来の運動を見直した。結成当時に掲げた目標を実行していくことにしたのである。〇三年にはソウル市にハルモニの家「ウリチブ」をつくった。「戦争と女性の人権博物館」の建設もそのひとつだ。〇二年からは各地域で女性団体を中心にハルモニたちを支援する体制をつくった。地元で支援の輪が大きく広がった。挺対協の福祉担当者も定期的に地方のハルモニを訪ね、健康状態などをチェックしている。

病院と家を行き来しているハルモニが少なくない。ハルモニたちの高齢化は日々進み、いま、水曜デモに出てこられるハルモニは少なくなった。韓国で名のり出た「慰安婦」被害者二三一人のうち生存者は八八人になった(一〇年一月現在)。

かかわった責任が私にあるから

「在日の慰安婦裁判を支える会」の梁澄子《ヤンチンジャ》さんは、挺対協の「博物館」建設に共感し、賛同者を集め、〇九年二月、「戦争と女性の人権博物館・日本建設委員会」を発足させた。

高校まで朝鮮学校で学んだ。大学でも朝鮮人学生の集まりに参加し、卒業後も朝鮮問題をよく知っている日本人と付き合っていた。結婚し、出産してはじめて普通の日本人と親密になった。

そのときはじめて、日本の学校で歴史教育を受けただけでは在日朝鮮人が植民地支配の結果として日本にいることさえ理解されていないことに気づき、日韓の歴史認識の大きなズレを感じた。

尹貞玉さんが講演(九〇年一二月に東京YWCAで行なわれた集会。日本ではこれを機に「慰安婦」問題が拡がる)のため来日した際、一七人の在日女性で尹さんを囲む集いをもった。尹さんは、韓国社会で「慰安婦」にされた女性たちは辱められた存在と見なされ、そっとしておいた方が彼女たちのためと半世紀近く放置されているのは社会の問題であり、自分たちの問題……、女性の人権、歴史認識、さまざまな課題がこの問題に凝縮されていると語った。その内省的な視点に梁さんは心打たれた。

この集いをきっかけに月に一回、在日女性が集まるようになった。目標は真相究明と世論喚起だった。梁さんは歴史認識のズレを「慰安婦」問題を通して日本社会に訴えられると思った。ところが、九一年八月に金学順さんが名のり出ると、世論化は急速に進んだ。追い立てられるように九一年一〇月に逝去した裴奉奇さんの追悼集会を兼ねて一一月三日、従軍慰安婦問題ウリヨソンネットワーク(以下ウリヨソン)の発足集会を行なった。金学順さんらが提訴したのはその一カ月後だ。当事者が見えなかった時点では、歴史認識や女性の人権問題を解決することで在日朝鮮人女性の生き難さを乗り越えられると議論しあった。だが、「慰安婦」被害者らが提訴すると、メディアは戦後補償問題として捉え、補償額を云々した。そうした姿勢をウリヨソンでは問題を矮小化していると論じ、「慰安婦」問題について在日の立場から発言しようと『朝鮮人女性が見た慰安婦問題』(三一新書)をまとめた。梁さんは被害者の証言を担当し、初めて韓国に行った。

ソウルの丘の上にできている貧民街を尹順萬《ユンスンマン》ハルモニについて行ったときの光景はいまでもありありと目に浮かぶ。尹ハルモニの家は丘の頂きにあった。片方の腕がまったく動かなかった。慰安所で抵抗して骨折したが、治療できなかったのだ。尹ハルモニが自分の経験を他者に話すのは初めてだった。全身震えながら話した。話し終えたとき震えも止まり、穏やかな表情になった。「聞いてくれる人がいるから、今日は本当にうれしかった」。ぼろぼろ涙を落としながらいった。障害を負って戦地から帰ってきた「慰安婦」被害者は少なくない。当時の韓国では障害者に対する差別意識が強く、福祉も充分ではなかった。「慰安婦」にされることは人生を変えられることを目の前の尹ハルモニがまざまざと示していた。

「慰安婦」問題を通して自分たちの問題を解決しようとしたことが恥ずかしく、胸が痛く、飛行機のなかで落ち込んで帰ってきた。ウリヨソンのメンバーに「この問題は被害者の被害回復の問題、補償の問題を最優先させなければ」と伝えると、みなあっけにとられていた。

その後、宮城県在住の宋神道さんと出会った。普通に生活している人が想像できないような被害体験をし、想像できないようなその後の人生を歩み、後遺症を示す。そのことを知るにつけ、自分の問題をこの問題に投影させるのは間違いだと思うようになった。では、何のためなのか。問題解決を加害国の責任としていっしょに運動している日本人のなかには入れない。在日朝鮮人ではあっても宋神道さんと同じではない。宋さんの裁判支援をしながら迷っていた時期がある。

ところが、ある日、突然、腹がくくれた。

「関わってしまった責任が私にあるからだと思ったの」

「在日の慰安婦裁判を支える会」が制作したDVD『オレの心は負けてない』に、地裁判決を前にして宋さんが「お前、おやじ(夫)もいるしさ、生活しながらオレと命賭けて闘う自信があるのか」とカメラに向かって問いかける場面がある。そのとき、カメラを回していたのは梁さんだ。支える会のメンバーも大勢いた。「度胸があるんであればずっと続けるし、そうじゃなかったら早くやめて、……これはお前たちの考えだ」と宋さんはいった。

「お前たちの考え次第だって宋さんにいわれたとき、そうだ、私の問題だと思ったの。それは私にとっては歴史的瞬間」

九〇年代初め、「慰安婦」は恥ずかしい歴史と見る周囲の認識を反映して被害者は自らの存在を恥じていた。だが、被害者は自分の体験を語ることが人を動かす価値ある行動だと、運動のなかで知ってゆく。その過程を目の当たりにしたことは得がたい経験だった。

宋さんが生きている間に日本政府の謝罪と補償を実現することはできないかもしれない。

「けれど、負けた気がしないのは、宋さんはこの間に自分自身に価値があることを見出した、その過程をいっしょに歩めたからよね」

いま、廻りまわって原点にもどっているのを感じるという。宋さんのDVDの上映でも挺対協の博物館建設についても、『「慰安婦」問題を映像に残したり、博物館に残すことをご本人たちは了解しているんですか」と確認したがる人に出会った。当初、ウリヨソンでハルモニたちが受けた被害の事実を隠しておくこと、忘れることがやさしさか、と議論したことを思い出した。

この二〇年間、運動の最前線で闘ってきた被害者は、過酷な戦中・戦後を生き抜き、強大な日本政府を相手に闘い続けてきたことに誇りを抱いている。その姿を間近に見て来た人はそのことを実感しているが、周囲には充分伝わっていなかった。いまは、それを伝えるときだ。

「慰安婦」問題に出会ったことは人生のなかで一番大きな事件だったと梁さんはいう。

「本当に人生って出会いがもたらす変化の繰り返しだなあと思って。人と人が出会ってお互いに変えていくんだなって、しみじみ感じる」

被害者のホッとする顔がみたい

渡辺美奈さんは、国連人権機関でロビー活動をしてきた。東京・西早稲田にある「アクティブミュージアム・女たちの戦争と平和資料館」（ｗａｍ）の専従スタッフでもある。

国連人権機関は激烈な法律的議論や戦略が行き交う世界だ。それでも、「慰安婦」問題解決には被害回復が重要、被害回復にはこのような措置が必要だ、と説明すると、すぐに理解する委員がいることは心強い。だが、そのような環境をつくったのは国際機関ではなく女性運動だという。

従来、性暴力は訴え出ることを阻まれてきたが、いま、violence against woman の概念が確立し、世界各地で当然のように行なわれてきた女性に対する暴力が可視化され、根絶の対象として捉えられるようになった。

九三年六月のウィーン人権会議で女性に対する暴力特別報告者が任命され、九五年九月に北京で行なわれた国連世界女性会議では「慰安婦」問題が特に注目された。アジアからの参加者が多く、彼女らは沈黙を強いる風潮を破って闘う「慰安婦」被害者の姿に感銘を受けていたからだ。

また、ルワンダや旧ユーゴなど現代の紛争、戦時下でも日本軍同様の性暴力が繰り返されていることが明らかになった。男は殺し、女はレイプし辱める。相手方の民族を貶め恐怖に陥れるためにレイプが戦術として行なわれている。旧ユーゴではオマルスカにレイプセンターがつくられた。セルビア軍はクロアチアの女性たちのなかでも弁護士や教授などを選んでレイプした。より強い屈辱を広くクロアチア側に与えるためである。彼女たちは沈黙せず、旧ユーゴ国際戦犯法廷で訴えた。「慰安婦」被害者が名のり出て闘っている姿に励まされて訴え出たのだ。

渡辺さんは、ｗａｍに来る高校生や大学生に「慰安婦」を現在とつながっている問題として話すように心がけている。「慰安婦」問題を解説しただけでは自分たちには関係のない過去の出来事と受け止められてしまうからだ。けれど、ルワンダや旧ユーゴで少女や女性たちが性暴力を受けたことを伝えようとしても、武力紛争自体を知らない。アジアの共生と平和という視点でも現在とつなげることはできるが、女子には、なぜ、性暴力を受けた人が自分が被害者だと思えないのか、女性に対する暴力として話したほうが共感される。

ｗａｍは次世代に事実を伝えることを重視している。しかし、この問題を知らないのは若者以上に、いまの政治を作り出している大人だ。九六年以前の教科書には「慰安婦」は載っていなかったし、時事ニュースに関心がなければ知る機会がない。学生たちの親の世代、あるいはその上の世代が誤解と無関心で戦後を送ってきたから「慰安婦」問題は放置されてきたのだ。

「女たちの戦争と平和資料館」という名称に「アクティブミュージアム」をつけくわえることを提案したのは渡辺さんだ。資料館であると同時に活動の拠点という意味も込めたかったからだ。

「なるべく多くの被害者が生きているうちに、それが最高のものでなかったにしても、一定の成果をもたらしたい。その活動の場にしたかったんですね」

渡辺さんはいろんな被害国と等距離で関わる姿勢を貫いてきた。韓国や台湾は政府の援助があり、支援組織もしっかりしている。フィリピンは政府の援助はなく、被害者らは貧しいが、支援団体がある。それらがない地域のことが気になる。被害者は人知れず亡くなっているだろうから。

これまで民主、共産、社民党議員を中心に「戦時性的強制被害者問題の解決の促進に関する法律案」がたびたび参議院に提出されてきた。

「この法案の成立に力をそそぎたいですね」

被害者のホッとする顔が見たいと語った。

若い人が同世代へ伝える

現在、係属している日本軍性暴力被害者の訴訟は「海南島裁判」だけとなった。支援グループ、ハイナンNETは二〇代が中心の若者ばかりだ。高校や大学の授業で「慰安婦」を学んだ世代である。同世代の人たちに海南島のアポ(おばあさん)たちに起こったことがらを伝えることを主な活動にしている。たとえば出張授業。出身校その他の教員の協力を得て、メンバーたちが授業を行なう。つい最近の授業では、海南島の地理的条件や歴史的背景、裁判の経過、海南島を訪問した時の映像の上映、あらかじめまとめておいた被害者の証言の朗読、活動の内容などを数人のメンバーがそれぞれ担当し、最後に質疑応答の時間をとった。六十数年前に、地理的にも遠い海南島で起こった出来事だが、同世代が伝えることで学生たちには身近に感じられるだろう。
おりあるごとにイベントも企画し、開催している。現在の人身売買やレイプ、DV、典型的な一夫一婦制とは異なる新たな人と人のつながりなど、アポたちが日本軍から受けた被害とは異なるが、「性」というキーワードではつながるテーマが主流だ。メンバーは女性が多い。セクハラや痴漢、デートDV、性風俗産業などさまざまな性暴力を温存する社会で生きる彼女らにとって、それらはより身近なテーマだ。

就活中の中村藍さんは、黄 有良《ファンユウリヤン》さんの証言を法廷で聞いたときメモを取りながら、小学校と中学でいじめられた記憶が蘇った。黄さんが受けた日本軍による凄まじい性暴力被害と自分が経験したいじめは、もちろん暴力の質は違うが、重なったのである。黄さんの証言を聞いたことがきっかけでハイナンNETに入った。

いくつかのアルバイトで自活しているきむろ・しほさんは、弁護団の聞き取り調査に同行した後、たびたび海南島へ行き、村で暮らすアポたちの姿をビデオカメラで写してきた。若い女性の映像作家たちが行なう上映会でその作品を発表している。美しい映像で捉えた『アポ』その他は出張授業でも上映した。

祖父母から戦争体験を聞いたとしても印象が薄く、親たちも直接的な戦争の記憶はない。その子ども世代である。被害を受けていない国の人びとが日本軍の性暴力・「慰安婦」問題をあってはならない普遍的な人権侵害問題として受け止めたように、六十数年前の歴史的事実を身近な自分の問題に引き寄せて考える若い世代が確実に存在している。

第七章　私たちは何をすべきか

「慰安婦」問題の解決は現在の私たちの問題

被害女性たちの踏みにじられた人生、失われた尊厳を回復することは、他人のことではない。彼女たちの人生を踏みにじり、その尊厳をうばった日本軍の背景には、当時の日本社会の、女性を性の対象としてみる意識と植民地や占領地の女性たちへの民族的差別意識がある。こうした被害女性たちの尊厳の回復を他人事として放置することは日本の社会にもまだ色濃く残っているこうした女性差別、民族差別の意識を放置することでもある。

一九九六年のクマラスワミ報告以来一三年余りになる。これほど長期間にわたり日本が国際社会から勧告を受けつづけた問題は戦前・戦後を通じて今までなかったと言ってよい。国際社会がこれほど広範にこの問題について誠実な対応を日本政府に求めてきたのは、こうした人権を侵害された女性たちをこのまま放置することは、現在の女性の人権の問題に直結するとの認識からである。日本政府は、九三年八月に河野官房長官談話の形で日本軍の関与を認め、被害者への謝罪を表明するとともに、この被害の償いのため日本政府として何らかの措置をとるとの決意を表明した。この河野談話は閣議決定されたものではないが、その後の歴代内閣総理大臣が受け継いではいる。しかし、日本政府は、この言明を誠実に実行してはこなかった。

政府自身の河野談話に矛盾する対応、そして社会に蔓延する被害者を傷つける言説の放置など、この間の日本政府の対応は、逆に日本政府の不誠実さを際だたせてきた。二〇〇七年七月にアメリカ下院で「慰安婦」問題について日本政府に明確な謝罪を求める決議が通った背景には、ワシントンポスト紙に国会議員らが出した意見広告がかえってアメリカの世論の流れを変えたといわれている。このことについてラトガーズ大学で女性学を教えるテマ・カップランは次のように語ったという(寺澤由紀「アメリカ議会の『慰安婦』決議に思う」『戦争と性』二七号、一二七頁)。

「現在のアメリカでは、心の奥底で女性蔑視の感情があっても、議員に選出されるような人たちは、少なくとも表向きはそれをあらわにすることはありません。(中略)アメリカでは元『慰安婦』の女性たちの尊厳を侵害するような発言は社会的に許されません。さまざまなところから叩かれ、政治家であれば自分の政治生命も危うくなります。このような広告を出すのを躊躇しないということは、ひとつには日本の女性解放運動の力がアメリカに比べると格段に弱いからでしょう」

「慰安婦」問題についての、アメリカ社会でのこのような受け止めは、私たち自身の問題としてこの問題をとらえる重要なヒントを与えてくれている。「慰安婦」とされた女性たちの人権をないがしろにしている社会が自分たちの人権を尊重するとは思えないという本能的な感覚が、国境を越えてこの問題を現在の女性の人権の問題として世界に拡げたのである。

振り返って日本の私たちの人権はどのような状況にあるだろうか。二〇〇九年七月に行なわれた女性差別撤廃委員会の日本政府報告審査では、次々に日本の女性の地位について厳しい質問が日本政府に向けられた。世界から見ると、日本の女性の地位がまだまだ低いこと、日本政府にその状態を変えようとする意識が低いことが浮き彫りになった。それはとりもなおさず、日本社会にその状態を変えようとする意識が低いことを示している。私たちの周りには女性に対する暴力がいまだにはびこっており、相変わらず日本はアジアの国々から性産業に売られてくる女性たちの受け入れ国となっていて、「慰安婦」同様に「いい仕事がある」とだまされて連れてこられ、入れられた店から逃げ出せない女性たちが後をたたない。

「慰安婦」問題は、こうした日本社会の女性に対する差別や蔑視の象徴的な事件であること、この問題をきちんと解決することは、現在の私たち自身の権利を確立する問題とひとつのこととしてとらえる視点が重要である。

アジアの国々と真の信頼関係を築くために

二〇〇九年八月の総選挙で、民主党を主軸とする連立政権が誕生した。鳩山首相は「アジアとの真の信頼関係構築」を外交政策の基本にすえ、中国や韓国などアジア諸国との首脳外交を開始した。めざましい経済発展をつづけている中国などの国々と、相互信頼にもとづいた安定的な関係を構築していくことは、日本経済にとっても重要な課題となっている。

こうした時、日本が過去の加害の歴史を明確に認め、国としてその歴史的責任をとることは、被害国の人びととの真の信頼関係を構築していくために避けて通れない。「慰安婦」問題はそうした過去の加害責任の象徴的な事柄である。政権交代によって、「慰安婦」問題解決への道筋が見えつつあるといえる。

日本の社会で、新しい取り組みが進んでいる。二〇〇八年以降、宝塚、清瀬、札幌、福岡、箕面、三鷹、小金井、京田辺、生駒、泉南、国分寺、長岡京、船橋、国立、田川の一五の市議会で、「慰安婦」問題の解決を政府に求める決議が採択されてきた。これらの決議は、日本政府が国際社会の世論を真摯に受け止め、被害者に対して事実を認めて謝罪し、国家として補償すること、そして歴史教育などで二度とくり返さない決意を実行することなどを求めている。

被害者はすでにほとんどが八〇歳を越えている。訃報も頻繁に伝えられるようになってきた。被害者が生きているうちに、彼女たちの奪われた尊厳の回復がなされること、そのために政府の明確な謝罪と、謝罪の証しとしての何らかの補償がなされることが急がれる。

政権交代や市議会決議の動きなど、この問題解決への熟しつつある条件を本当の解決に結実させるのは私たち一人一人の行動である。

そのためには私たち一人一人が、「慰安婦」とされた女性たちの被害の実態を知っていくとともに、この問題解決はなぜ必要なのか、世界はなぜこの問題について日本政府にこれほど強いメッセージを送り続けているのかを考えねばならない。

執筆担当

大森典子……第四・五・七章執筆。

川田文子……まえがき・第一・二・三・六章執筆。

大森典子

弁護士．1943年弁護士登録．家永教科書裁判にかかわる．1995年からは中国人「慰安婦」訴訟の弁護団長．約20回にわたり，原告その他の被害者の聞き取り，尋問準備，現地の証人の聞き取りや現地の調査のために山西省を訪れる．現在，「慰安婦」問題解決のために2007年に成立した「「慰安婦」問題解決オール連帯ネットワーク」の共同代表．著書に『歴史の事実と向き合って——中国人「慰安婦」被害者とともに』(新日本出版社)など．

川田文子

ジャーナリスト．早稲田大学文学部卒業．出版社勤務を経て，文筆業に．三十数年間「慰安婦」問題に取り組み，日本軍による性暴力被害者の証言を記録しつづけている．日本の戦争責任資料センター共同代表．著書に『イアンフとよばれた戦場の少女』(高文研)『自傷葛藤を＜生きる力＞へ』(筑摩書房)『女という文字，おんなということば』(明石書店)など多数．

「慰安婦」問題が問うてきたこと　　岩波ブックレット 778

2010年2月5日　第1刷発行

著　者　大森典子《おおもりのりこ》　川田文子《かわたふみこ》

発行者　山口昭男

発行所　株式会社 岩波書店
〒101-8002 東京都千代田区一ツ橋 2-5-5
電話案内 03-5210-4000　販売部 03-5210-4111
ブックレット編集部 03-5210-4069
http://www.iwanami.co.jp/hensyu/booklet/

印刷・製本　法令印刷　　装丁　副田高行

ISBN 978-4-00-009478-8　　Printed in Japan